Von Weiß bis Schwarz
Erzählungen portugiesischer Autorinnen

portugiesische bibliothek
band 15

Diese Publikation wurde vom Gutenberg Lehrkolleg (GLK) der Johannes Gutenberg-Universität Mainz gefördert.

Mit dieser Publikation unterstützen Autorinnen und Übersetzer*innen die Stiftung Alzheimer Portugal.

Von Weiß bis Schwarz

Erzählungen portugiesischer Autorinnen

herausgegeben von
Ângela Maria Pereira Nunes, Cornelia Sieber
und Yvonne Hendrich

Aus dem Portugiesischen von
Ângela Maria Pereira Nunes, Cornelia Sieber,
Yvonne Hendrich, Markus Sahr
und Studierenden des FTSK/Germersheim

Illustrationen von Rita Roquette de Vasconcellos

Leipziger
Literaturverlag

Bibliographische Information: Die Deutsche Bibliothek
Die Deutsche Bibliothek verzeichnet dieses Buch in der deutschen Nationalbibliographie, detaillierte Angaben sind erhältlich über http://dnb.ddb.de

ISBN 978-3-86660-219-9

Zur Förderung einer vielfältigen Literaturszene unterstützen wir:

© Leipziger Literaturverlag, 2017, für diese Ausgabe.
© Original: Do branco ao negro, Sextante Editora, Porto, 2014.
1. Auflage, printed in the European Union.
Gesetzt aus der Gentium.
Lektorat: Markus Sahr.
Reihengestaltung: Viktor Kalinke.
Umschlagbild: Rita Roquette de Vasconcellos.
Alle Rechte an dieser Ausgabe vorbehalten. Vervielfältigung, auch in Auszügen, ist ohne schriftliche Genehmigung nicht gestattet.

Unser gesamtes lieferbares Programm und viele weitere Informationen finden Sie auf **www.leipzigerliteraturverlag.de**.

Inhalt

weiß
Ana Luísa Amaral — 8

gelb
Ana Zanatti — 16

orange
Clara Ferreira Alves — 24

rot
Elgga Moreira — 42

rosa
Eugénia de Vasconcellos — 58

wassergrün
Lídia Jorge — 76

dunkelgrün
Maria Isabel Barreno — 92

hellblau
Maria Teresa Horta — 114

dunkelblau
Raquel Freire — 140

violett
Rita Roquette de Vasconcellos — 164

purpur
São José Almeida — 186

schwarz
Yvette K. Centeno — 202

NACHWORT — *220*

weiß

Ana Luísa Amaral

THE DYING ANIMAL

•

Man ist unsterblich solange man lebt.
Philip Roth, *The dying animal*

Das Tier, ich sah es sterben. Und es war anders als im Buch. Vor mir auf dem Bett, auf der weißen Baumwolldecke, ehe es in einen ewigen Schlaf versetzt werden sollte, war das Tier, das starb. Und es war weder ein Kapitel aus einem Buch noch eine erdachte Szene, unbekümmert um Fleisch und Blut, sondern der wirkliche Moment vor dem Tod meines Hundes, dem wirklichen Tod. Und wenn ich, für ihn, die seine gewesen war, so war er der meine, zumindest hatte ich es immer so empfunden. Er war mir vom Leben 15 Jahre lang verliehen worden, ein ganzes Leben. Er hatte in diesem Bett geschlafen, an meiner Seite, hatte mit mir gesprochen, zwischen Blick und Stimme. Er kannte all meine Laute und verstand das Licht, mit dem ich manchmal die Tür öffnete. Ein wenig Dunkelheit, sehr oft.

Es ist die Liebe, die die Dinge in Bewegung setzt. Wir nennen sie Leidenschaft, Zärtlichkeit, Treue. Manchmal auch Reproduktion oder sogar Wachstum, wie bei Bäumen. Ganz gleich ob dies- oder jenseits des kosmischen Gleichgewichts. Eine Disharmonie, ein Abweichen von der reinen Ausgewogenheit. Vielleicht sind wir daraus entstanden, er und ich. Wir, die beiden Tiere, aus einer Lücke im System, einem Dazwischen, das nicht einmal Farbe hat, denn die Farbe ist eine Erfindung der Menschen, ge-

nauso wie die Namen, die wir den Farben geben. Vielleicht sind wir daraus entstanden, aus einem Fehler im binären Code, aus zwei Teilen, die nicht zusammen passten. Und die Liebe muss aus diesem „Nichtpassen" entstanden sein, weshalb sie immer unvollkommen ist. Sie glänzt in ihrer Unvollkommenheit.

Die Sterne beispielsweise, weiße Punkte auf einem schwarzen Grund in der kalten Nacht, der Nacht, ehe dieses Tier für immer gehen sollte, sterbend. Tatsächlich vereint das Weiß der Sterne alle Farben in sich. Am Morgen, auf der weißen Decke, bevor er in einen ewigen Schlaf versetzt werden sollte, konnte ich in den Augen meines Hundes, verdichtet, den größten und kritischsten Fehler im System des Universums sehen: den des Lebens, das sich dem Tod widersetzt und die Sterblichkeit leugnet.

Mein Hund war hier, sein weiches Fell zwischen meinen Händen, so schwarz wie der Grund, an den sich die Sterne klammerten. Und er hatte nicht den Namen der Figur im Buch, sondern einen provokanten und eleganten Namen, dessen Körper an verrufene Nachtlokale, Rauch, einen weit entfernten Krieg und Heiserkeiten erinnerte. Oder, in Sommer- und Scherzeiten, an die reinste Eleganz. Mit diesem Namen konnte man Geschichten spinnen. Die Geschichte seiner 15 Jahre aber genügte, von dem winzigen Jungen, einem kleinen weichen Knäuel, das ich zu meinem Bett getragen hatte, wo es dann mit einem glücklichen Seufzer eingeschlafen war, bis zum erwachsenen Tier, das sich an mich schmiegte und mit mir seufzte, in diesen meinen von Dunkelheit oder Licht bestimmten Momenten.

Sein Körper flog nicht auf der weißen Decke davon, so wie er in einem Buch hätte davonfliegen können. Er lag nur hingestreckt da, voller Schmerz. Und selbst im Schmerz noch gab er sich der Liebkosung hin. Die Zärtlichkeit spürend, ohne sich für die Sehnsucht derjenigen zu interessieren, die zu ihm sprach, denn die Sehnsucht würde andauern, solange die Erinnerung an ihn nicht verblasste. Denn das war es, was uns verband, ihn und mich, die Macht, die vom Körper ausgeht, in seiner rauen Zerbrechlichkeit. Wie eine Baumwolldecke, weiß und weich.

Dieses sterbende Tier liebte ohne Vorbehalt. Es liebte bedingungslos, nicht die Bedrohung witternd, wonach sein Herz zu öffnen bedeutet, auch seine Seele offenzulegen. Und diese Bedrohung nicht witternd, hatte es auch keine heimlichen Befürchtungen. Es ist wahr, dass sein Herz zu öffnen bedeutet, auch seine Seele offenzulegen. Mein Hund spürte dies, mehr als dass er es wusste. Deshalb waren ihm mehrdeutige Gedanken immer fremd gewesen. Lieben war Lieben, der Raum eines Sprungs ins Leere – zum Leeren hin. Ein Taktteil in der langen Kette des Einklangs, den das Sterben darstellen wird.

Frohlocken über die Anwesenheit des Anderen, der an unserer Seite ist. Den anderen beschützen vor der großen Angst, einsam und erschöpft zu sein. Seine Sorgen verjagen. Oder sie akzeptieren und einfach da sein. Lieben war lieben. Einen Hügel hochhetzen, außer Atem, weil man weiß, dass die Liebe uns dort erwartet; und zu wissen, dass unsere Liebe dasselbe für uns tun wird. Bis diese Liebe uns eines Tages im Auto mitnimmt, eine Hand am Lenkrad, während die andere uns liebkost, uns etwas zuflüsternd, und wir sie ansehen, mit unverhülltem Blick. Bis sie uns zu schlimmen Gerüchen führt, zu einem weißen Tisch, einer Spritze. Sie ist der Pfeil, der uns aus Liebe das Vergessen gibt.

Doch während der verrinnenden Zeit diesseits hatte er den unbestimmten Geruch der Unsterblichkeit unter seinem Fell und seiner Haut gespürt. Eine sonnige Zeit, der Geruch der Kräuter im Garten und in jungen Jahren rennen, bis die Muskeln zitterten, rennen im Kreis, rennen im Takt der Lüfte, aus purer Lebenslust, weil er sich wohl fühlte und sein Körper wie eine geölte Feder war, leicht und gehorsam. Und die Hand empfangen, die uns versorgt, die uns beruhigt hatte, die uns entgegenkam nach dem Geräusch des Aufzugs und im Öffnen der Tür. Und wir diese Hand begrüßend, den mit ihr verbundenen Blick begrüßend, der seinerseits unseren Gruß erwiderte. Und wir nahmen auch die Müdigkeit dieser Hand an und beruhigten den Körper, der zu ihr gehörte. Ihre Stimme begrüßend. Und das Leben. Dieses Lied der Liebenden, ohne andere Figuren.

Auf der grellweißen Baumwolldecke lag dieses Tier, wartend. Etwas weiter oben, neben dem Kissen, lag aufgeschlagen und vergessen das Buch. Die Literatur ist ohne das Leben nichts wert. Doch das Leben ist nicht die Literatur. Der Hund, der dort auf seinen Tod wartete, im Gerundiv, glich mir in Leid und Liebe. Er war mein Freund.

Das Buch lebte von, mit Kapiteln angefülltem, Papier, stilistischen Zweifeln, erdachten Szenen. Das Buch bestand nur aus Worten. Und Worte wärmen einen des Nachts nicht, sie haben kein Gewicht, das auf den Beinen liegt, sanft wie Blei -

Aus dem Portugiesischen von Maëlle Karl unter Mitwirkung der Herausgeberinnen.

Ana Luísa Amaral wurde 1956 in Lissabon geboren. Mit neun Jahren zog sie nach Leça da Palmeira, wo sie noch heute lebt. Sie studierte Germanistik (Englisch und Deutsch) an der Universität Porto, an der sie mit Schwerpunkt in Gendertheorie, Feminismus, Queer Studies als Universitätsprofessorin für Englische und Amerikanische Kultur und Literatur lehrte und forschte. Sie promovierte mit einer Arbeit über Emily Dickinson, die sie ins Portugiesische übersetzt hat. Neben Dickinson übersetzte sie auch Werke von John Updike und William Shakespeare. Aktuell ist sie eine der bedeutendsten portugiesischen Dichterinnen und wurde mehrfach preisgekrönt, u.a. erhielt sie den PEN-Fiktionspreis, den Preis António Gedeão und den Grande Prémio de Poesia da Associação Portuguesa de Escritores. Zu ihren jüngsten Werken zählen der Roman *Ara* (2013) sowie die Lyrikbände *Escuro* (2014) und *E Todavia* (2015) Ihre Erzählung *Branco - The dying animal*, womit die Anthologie *Do branco ao negro* beginnt, bezieht sich auf ihre verstorbene Hündin Lili (Marleen).

Maëlle Karl wurde 1993 in Düsseldorf geboren. Sie besuchte bis 2001 die französisch-spanische Schule „Colégio Nazareth" in Vitoria (Baskenland) und schloss 2012 ihre Schullaufbahn mit dem Abitur am Eduard-Spranger-Gymnasium in Landau in der Pfalz ab. Nach zwei Semestern Altamerikanistik und Ethnologie entschied sie sich für das Studium Sprache, Kultur, Translation am FTSK Germersheim der Johannes Gutenberg-Universität Mainz. Die Fremdsprachen Spanisch, Portugiesisch und Französisch wählte sie unter anderem wegen ihrer zweiten Muttersprache Spanisch sowie aufgrund von Auslandsaufenthalten in Portugal, Süd- und Mittelamerika. Während ihres Bachelorstudiums studierte sie ein Semester an der Universidade Nova de Lisboa. Voraussichtlich wird sie ihr Studium 2017 abschließen.

gelb

Ana Zanatti

HONIGMELONE, (EIN) MÄDCHEN IN SIEBEN TAGEN

•

So liebreizend aus der Ferne, so sanft anzusehen
rundlich und wohlgeformt
mit wohlbehüteten Geheimnissen
streckt sie sich weit aus
sehnt sich danach, zu Erde zu werden
wer weiß, vielleicht
geschieht ein Wunder:
kleine grüne Blätter
gelbe Blüte
runder Bauch
danach heißt es nur noch warten,
dass alle jungen Männer sich in sie ergießen
                                    Ana Paula Tavares

Erste Intuition.
Es kann etwas in mir zum Leben erwachen, wenn die Erde bewässert würde.

Seit so langer Zeit wartet sie darauf, geboren zu werden. Während sie wartet, sehnt sie das Wasser herbei. In sich trägt sie tausende Geheimnisse, die es zu entdecken und zu enthüllen gilt. Sie hegt den Wunsch, so viele andere Geheimnisse zu erfahren, wie das der Farben der Tage, des Lichts des Lebens, das in der Brust derer schlummert, die es empfangen.

In sich trägt sie Stimmen, die sich mit anderen Stimmen vermischen. Stimmen, die sich im Gebell herumstreunender Hunde verbergen, im Geheul von Tieren weit entfernter Gebirge, im Geschrei von Vögeln, die verzweifelt ihre verlorenen Flügel suchen.

Sie wird an die Erde gefesselt geboren und wird sich dort ausbreiten wie ein Körper, der sich in einen anderen Körper ergießt, auf der Suche nach Identität.

Sie trägt Samen und Wünsche in sich. Samen illusorischen Verlangens, die verenden werden, ohne in der ihnen bleibenden Zeit geblüht zu haben.

Wie werden die Tage unter dem Himmel sein?, fragt sie.

Wie werden die Gebärden sein und die Schatten, die in sich hinein gesprochenen Worte? Wie wird die Nacktheit der Monde sein, die Strafe der Regenfälle und die Kälte an sonnigen Tagen?

Zweite Intuition.

In allem, was wächst, liegt gewiss eine Absicht.

Ein heimlicher Sinn, den ich aufzudecken habe. Eine unaufhaltsame Bewegung der Farbe des Mutes und der Furcht.

Es ist der Tag, um in feuchtem Lehm zu blühen. Es ist der Tag, an dem sie von dem ersten Augenpaar gesehen wird, der Tag des Verstehens, dass sich hinter jedem Blick ganze Welten verbergen.

Dritte Intuition.

Ich bin nicht auf die Welt gekommen, vielmehr auf viele Welten. Ich fürchte, nicht die beste aus dieser Vielfalt, aus dieser Fülle auswählen zu können. Werde ich auswählen können? Ob jemand schon für mich ausgewählt haben wird?

Fragen sind Mütter weiterer Fragen.

Aus der wunderschönen Blüte wird eine Frucht. Von einer steigenden und fallenden Unruhe sind diese Tage geprägt. Der sich formende Leib, das an Konsistenz gewinnende Fleisch. Die Haut, die eine goldene Farbe annimmt.

Erste Silben des Herzens, bedrückt und unter Schmerzen ausbuchstabiert, vergossen über ein weißes Laken, auf das sich jeglicher Traum noch niederschreiben kann. Eine weit entfernte Melodie aus der Stille der Zeit ist zu hören, die ihr von Liebe flüstert. Bedürftige Liebe, die genährt werden will, die schmerzt. Es ist nicht die Liebe der Heiligen und Weisen, die sich hingeben, ohne etwas dafür zu erwarten – der grenzenlosen Herzen, die voll sind von Liebe und diese unterschiedslos um sich verströmen.

Vierte Intuition.
Mädchen, dein Körper verlangt nach berührenden Händen, spricht die Stimme in ihrem Inneren zu ihr. Er verlangt nach weißen Wellen, in deren Gischt sich die Zärtlichkeit einmischt. Er verlangt Küsse, Sterne, Flüsse aus Honig und Verlangen, die sich in deine Brust ergießen. Er verlangt nach Salz, aufgeleckt von der Zunge, der Sprache der Gedichte, die du vielleicht nie hören wirst. Aber all das, wonach dein Körper sich sehnt und dein Herz sich verzehrt, wirst du nicht bekommen, Mädchen. Diese Liebe, die für dich so lebensnotwendig ist, wie es der Mond und die Sonne waren, um dich von der Erde an die Blüte des Tageslichts zu bringen.

Auf die bestellte Erde gebettet, bemerkt sie plötzlich, dass ungebührliche Hände sie aus dem Garten der Kindheit reißen, wo Träumen noch erlaubt war.

Alles schmerzt.

Die Trennung, die Entfernung von den Wurzeln und dem geräumigen Zuhause ohne einengende Dächer.

Sie wird auf einer Strecke großer Sehnsucht mitgenommen, auf Rädern, die über geteerte Wege hinwegrollen. Ein Gefühl immer größerer Angst beherrscht sie, da sie Stimmen ohne Seele hört und in Augen ohne Hoffnung blickt. Verzweifelt sucht sie um sich herum nach Spuren eines Flussarms, der sie früher umschlungen hatte.

Nichts ist, wie es war. Kann irgendetwas sein, wie es war?

Ohne Antwort auf diese Fragen spürt sie, dass sie nur vor der Geburt intelligent gewesen sein darf. Sie sieht sich plötzlich auf einen Haufen geworfen, mit anderen wie sie selbst, Mädchen, die wie sie nach Hilfe schreien. Doch ihre Hilferufe werden nicht erhört. Jemand hatte vergessen, ihnen eine hörbare Stimme zu geben. Jemand hatte vergessen, ihnen zu sagen, dass Hilfe nie von außen kommen würde.

Sie weint wie ein Kind, in der Illusion, Gehör zu finden.

Die Stufen der Treppe sind noch nicht zu Ende.

Ein neuer Treppenabsatz. Der Tag pulsiert. Fern ist die Stimme der Erde.

Es ist ein Tag der Neonlichter. Viele, wirklich viele Menschen gehen ein und aus in Häuserschlunde, dort, wo alles verkauft und gekauft werden kann. Die Stadt wohnt hier, ohne jegliche Erinnerung an die weiten Ebenen, wo sich nichts und niemand verstecken kann. Das Mädchen ist ratlos.

Vielleicht wird ein guter Mann mich wollen. Denkt sie.

Viele glanzlose Blicke. Sie gehen vor ihr auf und ab, ohne sich bei ihr aufzuhalten. Einige Hände fassen sie kurz an und hinterlassen dabei eine Spur von Gleichgültigkeit auf ihrer Haut. Plötzlich wird sie aus dem Ort ihres Körpers herausgerissen und jemand nimmt sie zu einem anderen Erwachen mit.

Fünfte Intuition.

Ein Haus. Dies ist ein Haus. Mein neues Zuhause.

Eine böse Vorahnung schmerzt sie.

Stimmen, Hände und Werkzeuge zeichnen sich an ihrem Horizont ab.

Jemand schlägt so hart auf sie ein, dass ihr Fleisch zerreißt. Sie deutet einen Schmerzensschrei an, doch sie weiß, dass niemand ihn bemerken wird. Sie stellt sich die Frage nach den Grenzen der Dinge, doch sie erhält keine Antwort.

Sechste Intuition.

Vielleicht ist das Leben einfach so, eine Straße ohne Regeln. Oder vielleicht eine kurze Unterbrechung zwischen Schmerz und Schmerz. Vielleicht ein Wettlauf gegen das Leben. Ein Licht, das die Dunkelheit gebiert. Geschlossene Augen innerhalb anderer Augen. Oder auch nichts von alledem. Nur ein langer Parcours, den es mit ausgebreiteten Flügeln über Abgründe hinweg zurückzulegen gilt. Und ein letzter Tauchgang im Licht der Zeiten.

Nun tut ihr nichts mehr weh. Geschickte Finger, darin geübt, in geheiligte Dinge einzudringen, durchwühlen ihren schüchternen und zerbrechlichen Körper, der ihnen nun vollkommen ausgeliefert ist.

Siebte Intuition.

Nur hier kann der Ort sein, an dem die Liebe aufkeimt.

In der Mitte des Tisches liegend, öffnet sich die Honigmelone, ein kleines Mädchen, ihren Gästen. Sie öffnet sich ihnen ganz und gar, offenbart ihr Innerstes voll zarter, kleiner Leibesfrüchte – winzige Kreaturen. Jeder ergötzt sich an ihnen.

Sie befindet sich an der Schwelle zur Transparenz. Niemand bemerkt den Blutstrahl, der aus ihrem Herzen fließt und sich auf dem Altartuch ausbreitet.

Alle nehmen von ihr. Nun gehört sie bereits allen, auf dem Altar des Friedens, auf dem sie sich opfert.

Aus dem Portugiesischen von Victoria Klamp unter Mitwirkung der Herausgeberinnen.

Ana Zanatti wurde 1949 in Lissabon geboren. Sie ist eine bekannte Autorin, Schauspielerin und Moderatorin des portugiesischen Fernsehens. Sie begann in Lissabon Romanistik zu studieren, bevor sie sich am Nationalkonservatorium für einen Schauspielkurs einschrieb, um sich mehr dem Theater, dem Radio und ihrer Fernsehkarriere zu widmen. Neben zahlreichen Rollen in Film und Fernsehen veröffentlichte sie ab 2003 verschiedene Bücher und wirkte bei der Entstehung vieler Anthologien und Poesiebänden mit. Sie wurde 2011 mit dem Preis *Arco-Íris* ausgezeichnet, der ihre Arbeit und ihren Einsatz gegen Homophobie ehrt. Außerdem gewann sie diverse Preise für ihre Tätigkeit als Schauspielerin. Zu ihren jüngsten Werken zählen der Roman *E onde é que está o Amor?* (2013) und der Essay *O sexo inútil* (2016).

Victoria Klamp wurde 1988 in Braunschweig geboren. Nach dem Abitur 2007 studierte sie zunächst Musik mit dem Hauptfach Violine an der Musikhochschule Lübeck. Infolge eines Unfalls musste sie dieses Studium kurz vor Abschluss aufgeben und begann im Anschluss daran eine Ausbildung und ein paralleles Studium der Logopädie am Institut IBAF in Kiel und an der Medical School in Hamburg. Seit 2013 studierte sie am FTSK Germersheim der Johannes Gutenberg-Universität Mainz Sprache, Kultur und Translation mit den Sprachen Englisch, Portugiesisch und Französisch und hat ihren Bachelor im Juli 2016 abgeschlossen. Während ihres Bachelorstudiums absolvierte sie ein Auslandssemester an der Universidade Nova de Lisboa in Lissabon. Im Oktober 2016 begann sie ihr Masterstudium an der Universität Wien.

orange

Clara Ferreira Alves

DAS HAUS ORANIEN

•

Sie fragen, weshalb ich mich scheiden ließ. Ich habe keine Antwort darauf. Wenn ich antworten würde, wäre die Antwort lächerlich: Ich ließ mich scheiden, weil ich meinen Mann lächerlich fand. Niemand lässt sich scheiden, weil er glaubt, der Ehemann sei lächerlich. Gewöhnlich geben einem Ehemänner keinen Grund zum Lachen, und niemand sagt einem direkt ins Gesicht, ich möchte mich von dir scheiden lassen, weil ich dich lächerlich finde. Ein Clown. Ich weiß nicht einmal, ob ein Clown lächerlich ist, das hängt vom Gebrauch des Wortes ab. Doch die Lächerlichkeit meines Mannes, meines Ex-Mannes, gibt, gab mir keinen Grund zum Lachen.

Der Anfang war das Ende oder das Ende war der Anfang, wie in meinem Falle. Wir lernten uns in Istanbul kennen. Ich lief durch die Straßen, sog den Rauch des Kebabs ein, setzte mich eingewickelt in ein Kopftuch auf die Teppiche vor den Moscheen, um die spirituellen Ekstasen der Derwische zu fotografieren, Pudding und gegrillten Fisch zu essen und ein paar Gläschen Raki zu trinken. Ich fand mich damals ziemlich smart. Ich hatte gerade mein Studium beendet und das Leben erschien mir ein Aufzug, der direkt in den Himmel führte, ein geräumiger, wie für meinen Ehrgeiz geschaffener Korridor, auf dem ich von einem üppigen Gehalt zum nächsten streben würde. Bis ich so reich sein würde, um endlich ein großes Landhaus im Alentejo kaufen zu können, nicht die kleinen typischen Höfe des Alentejo, die *Montes*, eher ein richtiges Landgut. Meine Eltern sind, waren, Bauern mit eigenem Land im Westen Portugals und bauten Weintrauben, Birnen, Äpfel an, es reichte gerade für das Nötigste. Sie mussten den Hof verkaufen und sich mit dem Haus in Lissabon begnügen. Wir haben diesen Verlust nie verkraftet. Mein Vater, Ingenieur, unterrichtete Agrarwissenschaften und ließ zukünftige Landwirte glauben, dass es sich vom Boden Portugals leben ließe, und meine Mutter, der Landschaft ihrer Kindheit beraubt, die nach Traubenmost und veredelten Rosen roch, denen sie stolz viel Zeit widmete, verschloss sich in einem Trotz, aus dem sie nie mehr herausfand. Ich begann Management zu studieren und zu reisen. Ich hoffte, in die Heimat, in eine andere ländliche Gegend, zurückkehren zu können. Trockene Hitze und goldene Ähren, langgestreckte Weinberge, die Sonne im Zenit, der Duft nach Koriander in Suppen und *Migas* und schwarze Alentejo-Schweine – der Alentejo erschien mir wie das Paradies. Ich möchte nicht in den Westen zurückkehren, entstellt durch unzählige Schlafzellen und übertrieben modernistische Architektur, die Strände überlaufen und die Villen... lächerlich. Einfach nur lächerlich. Nie wieder sah ich das alte Bauernhaus mit der Allee aus Palmen, dem von Steinen umfassten Teich mit den zwei Schwänen, den Gänsen und Legehennen, den Gartenblumen. Den Rosen meiner Mutter. Ich bin wenig sentimental.

Reisen ist ein etwas teures Mittel, um zu vergessen. Doch um Erinnerungen wegzuwischen, gibt es nichts Besseres. Es ist, als wäre die Vergangenheit mit Kreide auf eine Tafel geschrieben und ein Schwamm würde alles in Sekunden in eine einzige große Staubwolke verwandeln. Eine Reise würde die Traurigkeit eines unterbrochenen Lebens nehmen, den Trotz meiner Mutter und das Schweigen meines Vaters in nichts auflösen. Als wir den Hof verloren, verloren wir einander. Unser Haus war seit Anfang des letzten Jahrhunderts im Besitz unserer Familie gewesen. Wir sind nicht arm, ganz im Gegenteil, wir wurden gewissermaßen enterbt. Die Vergangenheit ist ein Erbe.

Istanbul hat etwas von Lissabon. Ich weiß nicht genau was, der Bosporus hat weder Gezeiten noch die ewigen Pendler aus Almada, ich weiß, dass auf den Fähren, die den Bosporus überqueren, der Jargon der Cacilheiros, der Fähren, die Lissabon und die andere Uferseite verbinden, gesprochen wird. Istanbul ist eine opulente Stadt aus den Zeiten des Osmanischen Reiches, die Türken haben nie dieses Gefühl der Größe verloren. Auf Lissabon hingegen lastet nach dem Ende seines Reiches die Nostalgie, der Niedergang, das Elend von Spuren vergangener Zeiten. Istanbul ist dies nie widerfahren, seine Einwohner haben es gerettet. Die Häuser wirken wie ein Ameisenhaufen, die Gewürzbasare lassen uns ein- und auftauchen in einer Flut aus Menschen, als bildeten wir einen Schwarm, der uns ohne Fragen akzeptiert. Dort gibt es Freude, wo wir traurig sind. Vielleicht mag ich Istanbul, weil es mir eine Vorstellung davon gibt, wie Lissabon mit Menschen, mit dem Lärm des Lebens und einem Tejo ohne den Schatten der Wolken wäre.

Ich ging auf die Istiklalstraße, die Straße, auf der die Straßenbahn von Taksim zur Galata-Brücke führt, und wo es immer nach frittiertem Fisch auf Brot duftet. Bei Einbruch der Dunkelheit verwandelte sich die Straße in einen Karnevalsumzug, zwei Menschenketten, die sich zur Mündung schlängelten. Zu den Mündungen des Taksim-Platzes und des Bosporus. Es war eine jener Jahreszeiten, in denen es auf den Straßen wenige Touristen gibt und die Türken mit ihren Familien und Freunden spazieren gehen, stehenbleiben, um etwas zu essen und zu trinken, bevor der Winter und die Kälte die Dächer des Topkapi-Palasts mit Schnee bedecken und die Arabesken der Moscheen mit Eiskristallen überziehen. Ich ging aus einem jener Teehäuser, die

Pudding verkaufen, die Türken machen ja aus allem Pudding, aus Hühnerbrust, Kokos, Reis..., und schlürfte meinen heißen Roten Tee, der einem mehr Energie gibt als Kaffee. Neben der Kirche des Heiligen Antonius, der eigentlich aus Lissabon stammt, hier jedoch als Antonius von Padua bekannt ist, da die Portugiesen dazu neigen, nationales Erbe zu verlieren, sei es ein Heiliger oder der weltweit als Magellan getarnte Fernão de Magalhães, spielte eine Gruppe von Clowns auf Flöten und Trommeln und schwang orangefarbene Ballons. Sie tanzten und sangen, bekleidet mit orange karierten T-Shirts, orangefarbenen kurzen Hosen, orangefarbenen Hüten, orangefarbenen Schuhen und in den Händen orangefarbene Plakate. Orangefarbene Socken. Ich mag dieses Detail der Socken.

Es sollte wohl eine Demonstration sein. Die Istiklal ist die Straße der Demos, jeden Tag gab es welche, bevor Erdogan sich dazu entschloss, Tränengas und Pfefferspray wie Deos zu benutzen. Die Demos sind normalerweise rot, es ist so üblich, auch schwarz, doch es gibt keine blauen, keine grünen, gelben, ganz zu schweigen von orangefarbenen oder karierten Demos. Demnach konnte es keine Demo sein. Die Gruppe von mehreren Dutzend Menschen erschien überglücklich. Sie lachten, sangen, lächelten und winkten den Spaziergängern zu, die anhielten, um sich das Spektakel anzusehen, das ihnen ebenso befremdlich erschien wie mir. Sollten es Krishna-Anhänger sein? Krishna-Anhänger laufen und tanzen immer so nah beieinander, verströmen Heiligkeit. Sie hatten keine geschorenen Köpfe, und nie sah ich Krishna-Anhänger ohne Tuniken, ganz zu schweigen von welchen mit orange karierten T-Shirts. Orangefarbenen Socken. Eine weitere regionale Besonderheit. Werbung für irgendeine Marke. Ein Reinigungsmittel. Die Melodie der völlig in orange Gehüllten verflüchtigte sich in der lauwarmen Nacht, verschluckt von den Menschenketten, die weiter zu den Mündungen im Osten und

Westen strömten. Ich schoss ein Foto von einem Dummkopf, der einen orangefarbenen Hut und ein orangefarbenes Halstuch trug, welches ihm tief ins Gesicht hing, und der ungelenk einen Samba hüpfte und tanzte. Er hatte eine Fahne mit einem Wappen bei sich. Ich erkannte die Wörter *Je maintiendrai*. Man konnte davon halten, was man wollte, sogar orangefarbene Socken. So ein Clown.

Am nächsten Tag lud mich eine französische Freundin, mit der ich dort war, auf ein Fest in der Französischen Botschaft ein. Einer jener einschläfernden Cocktail-Empfänge mit dem üblichen Small Talk. Das Fest fand in der Istiklal statt. Im Hintergrund des riesigen Saales, zwischen all den gut gekleideten Menschen mit einem Sektglas in der Hand als natürliche Verlängerung des Arms, stach ein großer blonder, junger Mann hervor. Nicht, weil er groß und blond war, sondern weil er eine Ausgelassenheit besaß, die sich von der gallischen Finesse, der Angewohnheit der geflüsterten Ironie unterschied. Gut, groß zu sein ist hilfreich, und er war groß. Ohne Zweifel. Sehr groß. Am Ende also starrte ich auf diesen Gipfel, ein Glas Champagner in den gespreizten Fingern, elegant und mich vorstellend, nachdem er sich selbst vorgestellt hatte. Auf solchen Festen ist Lässigkeit eine Visitenkarte. Ian. Ich heiße Ian. Ian erschien mir ein sehr sympathischer Kerl, mit dem großen Vorteil, kein Franzose zu sein. Er war ein ausländischer Gast wie ich, der jedoch im Gegensatz zu mir nicht durch die Straßen Istanbuls streifte und alle Gassen kennenlernen wollte, bevor der Anker am Flughafen gelichtet würde. Das ist es, was Reisende tun, bis zu ihrer Abreise überall die Nase hineinstecken, um, wie es heißt, in die lokale Kultur einzutauchen. Die Touristen, friedfertiger, beschränken sich darauf, auf den in Reisebüchern oder von Fremdenführern gekennzeichneten Weiden zu grasen, die Hagia Sophia, die Blaue Moschee, Eminönü, der Gewürzbasar, der Große Basar, Süleymaniye, Sultanahment. Die Cisterna Basilica. Vielleicht auch das Pierre Loti Café. Viele von ihnen schaffen es nicht einmal, die Galata-Brücke und das Goldene Horn zu überqueren, um in das Stadtviertel Pera, in dem Istiklal sich befindet, hinaufzusteigen.

Er kannte Istanbul besser als ich, da er dort, in Istanbul, wohnte. Was für ein Glück, sagte ich geistreich. Ich bin nicht sehr geschickt auf solchen Stehpartys, doch er war ein erfahrener, gewandter Plauderer, weil er seinen Lebensunterhalt damit bestritt. Mit Plaudern. Er war im Diplomatischen Korps, Anwärter auf die Botschafterstelle, vorläufig jedoch Sekretär. Er war einer jener jovialen Typen, die ihre Arbeit und ihr Leben ohne Schwierigkeiten ändern, an nichts hängend, mit allem vertraut. Istanbul war ein guter Ort zum Leben, jetzt, da die Türkei eine Macht und die Stadt, mit dem Kosmopolitismus der Wohlhabenden aus aller Welt, zu einem Tor zu Asien und dem Orient geworden war. Viele Journalisten und Kriegsberichterstatter wählten Istanbul als Hafen, türkische Fluggesellschaften flogen nach Afghanistan und Kasachstan, nach Syrien und in den Libanon. Zum Wochenendausflug ging es nach Kabul und Bagdad. Und die Stadt war günstig. Die im Ausland arbeitende Gemeinschaft verbrachte ihre Tage mit Festen wie diesen, Abendessen, Trinkgelagen mit Bier und Margaritas, dazu malerische Abenddämmerungen, erblickt von Balkonen und Fenstern entlang des Bosporus. Für einen Diplomaten war dies ein idealer Posten, die Türkei ist nämlich ein Land mit Geschichte, ein Land, wo etwas passiert. In Portugal passiert nie etwas.

Auf meinen Reisen, nicht vielen, doch genügend, jedes Mal, runzeln die Menschen die Stirn, wenn ich mein Land buchstabiere, Portugal, oh Gott, wo liegt denn das? In Europa, neben Spanien, ein Teil Spaniens, nicht wahr? Nein, sage ich. Ein Fehler, der mit keinem anderen europäischen Land passiert, nicht einmal mit Belgien. Niemand sagt einem Belgier, das ist ein Teil Hollands, stimmt's? Oder Frankreichs. Belgien hat eine höhere Stellung als wir. Oder der Kosovo, von dem jeder weiß, dass er nicht Teil Serbiens ist.

Wir sind eine Art Grönland, niemand weiß genau, zu wem es gehört, nur dass es irgendwo im fernen Norden, nahe des Nordpols, bei den Polarlichtern liegt. Holländer hegen Sympathie für Portugal, warum auch immer. Ein gebildetes Volk, das aus dem Geschichtsunterricht weiß, dass wir ein Reich hatten, und dass wir um unsere Überseebesitzungen in Asien kämpften. Holländer mögen Spanier nicht, ich kann sie verstehen. Fragen Sie mal Karl V.

Unsere Unterhaltung drehte sich um die Gebrauchsmöglichkeiten und die Vorteile von internationalen Pässen. Er, Holländer, ersetzte stets das leere Champagnerglas in meiner Hand durch ein volles. Ich trank, da ich schüchtern bin und Champagner mich viel interessanter macht. Ich bin eher schweigsam, das liegt in der Familie, und mische mich normalerweise nicht in Unterhaltungen ein. Ian ist das Gegenteil davon. Jovialität war ihm eine zweite Haut, als wäre er nicht im dichten Nebel der Nordsee, in einem Land ohne Blau, geboren, sondern in den südamerikanischen Tropen. Er wusste viel über Geschichte, es war sein Hobby, in Geschichtsbüchern zu lesen. Ich sprach von einem Land, und er überschüttete mich mit Einzelheiten über die Vergangenheit, mit der Genauigkeit eines Zeitzeugen. Das 17. Jahrhundert war seine Spezialität. Er wusste alles über die flämische Malerei, die düsteren Farben, die strengen Linien, die finsteren Landschaften, die bürgerliche Schwermut, die Lichtspiele. Vermeer versetzte ihn in Ekstase.

Es gibt Schlimmeres.

Und so begann alles, in einem Saal, diplomatisch. Sechs Monate später heirateten wir. Es schien ein angemessener Schritt. Ich, eine Hochschulabsolventin mit einem nutzlosen Abschluss, voller inkonsequenter Projekte, er, ein ambitionierter Mann, voller Begabungen und Wissenswertem.

Er verliebte sich in Portugal. Als ich ihn in den Alentejo mitnahm, tanzte er wie ein Derwisch. Die gelblichen Flecken der Ebene, gestreift vom Grün der Bäume und dem Grau der Olivenbäume, vom Vieh getüpfelt, wie auf englischen oder holländischen ländlichen Landschaftsmalereien, der Duft nach *Migas* vom Schwein und nach warmem Brot, der dünne Kalkfilm zogen ihn mehr an als mich Jacques Brel, und Gott weiß, wie sehr ich Brel liebe. *Le plat pays qui est le mien*. Er machte sofort Pläne, weil nichts in seinem Leben ohne Plan verlief. Aber auch rein gar nichts. Wenn er in den Ruhestand ginge, ein weit entferntes Datum in unserem genau getakteten Leben, wäre der Alentejo unser Olymp. Unser Ort des Rückzugs. Zusammen mit anderen Holländern, die bereits im Ruhestand waren und sich ein Landhaus gekauft hatten, wo sie in aller Seelenruhe nachdenken konnten. Das bedeutete, in ein paar Jahrzehnten hätte ich meinen Platz im Alentejo. Meinen Hof, mein Landgut. Er würde es kaufen.

Und ich? Was würde ich bis dahin tun? *No problem*. Auch das hatte er geplant. Wir heirateten, alles andere würde sich ergeben. Als Ehefrau stand mir diplomatische Unterstützung zu, und ich könnte mir an den Standorten, an die er versetzt wurde, eine Arbeit suchen, etwas, um mich zu beschäftigen, um etwas zu machen. Wohltätigkeitsgesten hier und dort, in unterentwickelten Ländern. Mittagessen und Abendessen organisieren. Und wenn wir Kinder hätten, würde ich mit dem erzwungenen Müßiggang aufhören. Er würde mir einen Hund kaufen, wenn ich wollte. Einen *Rafeiro do Alentejo*, von dem er mich schwärmen gehört hatte. Na ja, der Hund könnte schon zu einem Problem werden, aber das würde man dann sehen. Hunde in Botschaften...

Nach meiner Meinung wurde ich nicht gefragt. Und ich fiel auf diese Mischung von Gegenwart und Zukunft herein, die er zu meiner Verfügung plante, Jahrzehnte unseres gemeinsamen Lebens vor mir ausgebreitet wie ein fliegender Teppich. Ich musste nur auf den Teppich aufspringen, mich festhalten, losfliegen. Er würde sich schon um alles kümmern. Am Ende, wie ein Bonbon, erwartete uns das süße Leben des Alentejo. Natürlich ließ ich mich von der Fantasie des Reisens bestechen, vom gemeinsamen Nomadentum, getragen auf seinen Schultern voller Enthusiasmus. Ohne mich zu fragen, ob ich diesen großen Kerl mit seiner blonden, ständig ins Gesicht fallenden Haarsträhne wirklich so sehr mochte, der von einem Fuß auf den anderen sprang, während er Pläne schmiedete, wie ein kleines Kind. Oder ob ich ihn wenigstens genügend mochte, um mit ihm nach Zentralasien einzuchecken, dorthin, wohin er wollte. Und wohin er ging. Wohin wir gingen. Ohne den Hund.

So landeten wir in Usbekistan.

Ich wurde standesgemäß vermählt, mit Zeremonie und Trauschein, weißem Kleid, mit Tränen der Mütter und einem Klaps auf die Schultern durch die Väter. In der Kapelle eines portugiesischen Verwandten, einer, der seinen Hof nicht hatte verkaufen müssen nach Abschluss der Jahresbilanz. Ich erinnere mich, dass ich einige Sekunden, bevor uns der Pfarrer zu Mann und Frau erklärte, das Gefühl hatte, dass dieses Bündnis nicht lange halten würde, und dass ich vielleicht die Anwesenden um Vergebung bitten sollte, dass sie die lästige Reise umsonst auf sich genommen hatten. Für nichts. Wie ein eisiger Windhauch, der mich erstarren ließ. Ich konnte den Pfarrer und die Gäste mit einem Mal nicht mehr hören und blickte plötzlich auf einen blassen Christus mit Dornen, der uns vom Altar aus mitleidig ansah. Die Gekreuzigte war ich. Der Pfarrer musste die sakramentale Frage wiederholen, eine Peinlichkeit. Der Duft der Blumen auf dem Altar, die Christus zu einem unerwünschten Gast machten, der übermäßig litt, ekelte mich an. Mein Ehemann, der nur oberflächlich über alles strich, mit Jovialität und Optimismus in den Augen und stets den richtigen Worten, war selig. Er bemerkte nichts. Am Ende kam meine Mutter zu mir und sagte: Ist sich die junge Dame des Schrittes gewiss, den sie heute getan hat? Du weißt, das ist fürs Leben, wir sind katholisch, bei uns gibt es keine Scheidungen in der Familie. Nie hat sich jemand scheiden lassen.

Gewiss. Auch in Ians konservativer und die calvinistische Lebensklugheit liebender Familie gab es keine Scheidungen. Gemäßigte Calvinisten, sie akzeptierten die katholische Vermählung ohne Bedenken. Und die Zeremonie war schön, angemessen, wie es sein soll.

Usbekistan. Am Ende der Welt. Taschkent ist eine ebene Stadt, ohne Erhebung. Es ist eine russische Stadt mit mongolischen Bauern. Ungeachtet des Kultes und der Statuen von Timur Lenk, Tamerlan, der nationalen Gottheit, dem Helden, wirkt doch alles russisch, stalinistisch. Im Sommer erstickt die Stadt unter einer Hitzeglocke, der Wüstenwind verbrennt einem die Nasenlöcher und die Haut schwitzt während der schier endlosen Langeweile der Tage. Es gibt nicht viel zu tun in Taschkent, und Taschkent liegt weit entfernt vom Alentejo. Und von Lissabon. Natürlich habe ich weder Arbeit noch Wohltätigkeitsaktionen gefunden. Ich widmete lange Stunden den Ablenkungsmanövern mit den Ehefrauen anderer Ausländer, die genauso unglücklich waren wie ich und die das Land mehr oder weniger stark hassten, je nach Dauer des Postens. Die einheimischen Ehefrauen, die weder der Nomenklatur noch den Clans der Macht und des Geldes angehörten, lassen sich in zwei Gruppen einteilen, die Schönen und die Hässlichen. Die Schönen setzen sich auf die Barhocker an den Hotelbars oder an den Rand der Swimmingpools, um ihre Fußnägel zu lackieren, auf der Jagd nach Kunden, die sie, bitte, aus der Misere retten, sie kleiden und beschuhen, sie bedienen und mit ihnen ihre Familien, die Nebenbegünstigten, retten. Die

Hässlichen wissen, dass sie eine Hochzeit ohne Einwilligung und ein Mann erwartet, der sie zu Arbeit und Brutalität verurteilen wird und dazu, sich um die Kinder und Schwiegereltern zu kümmern. Sklaverei. Ich würde es vorziehen, Prostituierte zu sein, wenn ich mich an Tagen, an denen die Seele verkümmerte, ertappte, dass ich darüber nachdachte.

Die Hotels sind voller Männer, tätowierte Chinesen, mongolische Mafiosi, Leute aus dem Westen mit rötlicher Haut. Und Russen mit Sehnsucht nach dem verlorenen Großreich, die das Wort Perestroika verabscheuen, und die denken, dass Moskau diese Gebiete zurückverlangen sollte. Sie alle waren aus einem Grund dort, Energie. Oder Drogen. Gas und Erdöl verwandelten die ehemalige Seidenstraße in Pipelines für Öl und Opiumverbindungen aus Afghanistan.

Eine ausländische Frau kann an Orten wie diesen nicht so einfach einen Drink zu sich nehmen, wo die *Happy Hour* praktisch Handel mit Frauenfleisch bedeutet. Frauen in ähnlicher Situation wie der meinen verbrachten viel Zeit außerhalb des Landes, in ihren Herkunftsländern, weil sie Taschkent nicht länger ertrugen. Und die Ehemänner, mehr wegen der Abwesenheit der Ehefrauen als der Untreue wegen, gingen schließlich zur *Happy Hour* im Hotel, um ein Feuerzeug an eine weibliche Zigarette zu halten.

Das war kein Vertrag, den ich unterschrieben hätte, nicht solch einen. Mein Leben, meine Pläne lösten sich in Ians Leben auf, der fröhlich ein Boot steuerte, in das langsam, aber stetig ein Rinnsal Wasser drang. Unsere Ehe. Alle hielten uns für glücklich und fragten während unserer Urlaube, wann das erste Kind käme. Ich umging diese Gespräche immer. Und das erste Kind. Ian wollte sich auf die Region spezialisieren, Pläne über Pläne, und erwartete weitere Posten, auf denen er sich zu den Themen Krieg und Energie spezialisieren konnte. Er las über Geschichte, las noch mehr über Geschichte und sprach über Timur Lenk und

Dschingis Khan oder über Buchara und Samarkand, als wären sie Teil der Familie, und unsere Geburtsorte. Ich für meinen Teil hatte Sehnsucht nach Europa, nach Lissabon, dem Alentejo, die sich langsam aber sicher entfernten. Wenn ich den Eiffelturm in den Nachrichten oder in Filmen sah, fühlte ich mich ergriffen. Mein Leben hatte aufgehört mir zu gehören. Es war mehr wie ein volumetrisches und geometrisches Objekt in Ians Projekten.

Das Problem bei Scheidungen ist, dass keiner sie mag. Weder die Geschiedenen noch diejenigen, die gezwungen werden, sich zu trennen und eine Seite zu wählen. Es gibt keine Neutralität in Scheidungen, es ist wie im Krieg. Ians Stimme erschien mir bei unseren gemeinsamen Essen wie die Stimme eines Feindes. Stets plante er, mich nahm er kaum wahr. Eines Tages sagte ich ihm deutlich, dass ich mich langweilte, dass ich fortgehen wollte. Er war erstaunt, er war nie auf den Gedanken gekommen. Wir waren doch so glücklich.

Du bist glücklich, du bekommst nichts mit. Ich bin es nicht. Wir sprachen Englisch miteinander, das nahm Aussagen wie diesen die Schwere. Ich fühlte mich wie eine Übersetzerin, die die fremden Worte einer Fremden übersetzte. Es gab dort eine Person, die unglücklich war. Ich. Was wollte ich mehr? In Portugal Urlaub machen? Sollte ich doch. Ich erinnerte mich an die Ehefrau eines holländischen Ingenieurs, der in Turkmenistan nach Gas bohrte; eines Tages beschloss sie, nach Holland zurückzukehren, ohne dem Ehemann Bescheid zu sagen. Sie schickte ihm eine E-Mail. Und machte sich nach Amsterdam davon. Entschieden, nicht mehr zurückzukehren, teilte sie ihm im Schrifttyp *Arial Black* mit, dass die Ehe zu Ende war. In jener Nacht kam der Mann in unser Haus, und eine große Träne lief ihm übers Gesicht. Er, der so viele Opfer gebracht habe, damit sie einmal in den Ruhestand gehen und sich ein Haus kaufen könnten. Wo?

Erraten, im Alentejo. Sie waren verrückt nach dem Alentejo, den sie nach jahrelangem Urlaub an der Algarve kennengelernt hatten. Und nun ließ sie ihn, mitten im Schrecken eines einsamen Winters, minus vierzig Grad, eine Nase, die jede Sekunde gefror und zwang, einen Dampfausgang zu finden, damit sie nicht amputiert würde, einsam und hilflos zurück. Es war nicht das Ende vom Alentejotraum, es war das Ende eines Lebensplans. Ich dachte nur, dass Holländer offenbar sehr an Lebensplänen hängen. Ich sah zu Ian, der seinen verzweifelten Landsmann tröstete und ihm seine Hand reichte.

Auch wir kämen an die Reihe.

Es lief nicht, wie ich es plante, und das war das Einzige, wofür ich einen Plan hatte. Ich hatte ein Gespräch mit dramatischer Aufrichtigkeit geplant, um den Schaden so gering wie möglich zu halten, ein Gespräch über die zivilisierte Notwendigkeit, uns zu trennen, da ich entschlossen war, mein Leben zu leben und nicht das einer anderen Person, die ich geheiratet hatte. Die Notwendigkeit, frei zu sein. Das übliche Gespräch, die universelle Entschuldigung für das Fehlen von Liebe. Doch stattdessen, anstelle dieser großen, von geistiger Klarheit durchdrungenen Freundschaft, hatten wir eine lächerliche Diskussion. In einem Anfall von Sehnsucht begann ich, alte Fotos herbeizuschaffen, aus einer Zeit, die gar nicht so weit entfernt lag. Das Foto des orangefarben gekleideten Trottels in Istanbul sprang mich vom Bildschirm des Computers förmlich an. Die Fotos von Istanbul, die ich nie durchgesehen hatte, stellten einen ursächlichen Zusammenhang zwischen meinem Leben und dem seinen her. Vielleicht suchte ich immer nach einer logischen Erklärung oder auch nach einer Versöhnung mit einem Menschen, der nicht wusste, dass ich eine Versöhnung brauchte. Wir hatten nie diskutiert.

In dem Augenblick, in dem das Foto des orangefarbenen Hampelmanns erschien, schrie Ian auf, Das bin ich! Ich bin es!,

Wo hast du das her? Er war es. Die Gruppe der orangefarbenen Clowns lief durch die Istiklal, um die Thronbesteigung des neuen Monarchen des Hauses Oranien zu feiern. Oder besser, Oranien-Nassau. Ian war Monarchist. Da die holländische Monarchie seit Menschengedenken die anständigste war, war es kein Problem. Du? Der hier? Ich.

Die holländische Kolonie Istanbuls hatte beschlossen, die Thronbesteigung mit jenem bunten Festumzug zu begehen, und er, diplomatisch, hatte sich wie alle anderen in der Gruppe ganz in Orange gehüllt.

Mit diesem karierten T-Shirt und diesem orangefarbenen Halstuch als Tarnung, dieser Fahne, aufgesteckt als Banner. Das Wappen des Hauses Oranien-Nassau, das *Je maintiendrai* besagt. Glaubt man das? Und die orangefarbenen Socken. Das Allerlächerlichste. Die Socken. Mein Gott! Dieses Detail. Den neuen Monarchen des Hauses Oranien mit orangefarbenen Socken feiern? Lächerlich. Ich bleibe dabei.

Ich übertrieb mit Absicht.

Ian schnappte ein. Lächerlich? Er sei lächerlich? Wie konnte ich ihn nur so plump beleidigen? Wusste ich denn nicht, dass er Holländer, Untertan des Hauses Oranien sei? Oranien-Nassau? In welchem Land lebte ich, dass ich fremde Rituale nicht achtete? Er habe die katholische Ehe akzeptiert und ich nicht einmal einen orangefarbenen Umzug?

Lächerlich, wiederholte ich. Einfach nur lächerlich. Von einem erwachsenen Mann. Das Haus Oranien?

Umso besser, seine Entrüstung brachte mich in Fahrt. Obwohl ich ja verstehe, dass es Schlimmeres gibt, als orangefarbene Socken des Hauses Oranien zu benutzen.

In dieser Nacht schliefen wir getrennt. Und in den folgenden. Ich reiste nach Lissabon und gab bekannt, dass ich mich scheiden lassen wolle. Es war ein Skandal. Es ist ein Skandal. Warum?

Warum nur? Meine Eltern, die Verwandten rauften sich die Haare. Der Pfarrer, der uns traute. Ich weiß nicht, was in den Niederlanden passiert.

Was wollt ihr? Ich habe nun mal einen lächerlichen Mann geheiratet, das ist die Antwort, die mir dazu einfällt. Das ist keine Antwort. Sicher ist, dass ich, wenn ich an Ian denke, den orangefarbenen Clown sehe, den ich nie geliebt habe.

Er hat keine großen Anstrengungen unternommen, um unsere Ehe zu retten. Er schrieb eine Mail an meine Eltern, diskret und direkt, und gab mich auf, sowie er begriff, dass ich ihn aufgab. Ich weiß nicht, ob er eine verstohlene Träne weinte, ich würde sagen, nein. In diesem Moment plant Ian ein anderes Leben, mit anderen Personen darin, jovial wie immer. Er ist kein Mann, bei dem Narben zurückbleiben. Genau wie alle lächerlichen Figuren nimmt er sich selbst ernst.

Es kann sein, dass wir uns in dreißig Jahren im Alentejo treffen. Er älter und beleibter, im Ruhestand. Mit lauter Kindern. Enkeln. Einem *Hollandse Herdershond* statt einem *Rafeiro do Alentejo*.

Es kann sein, dass er das Alentejohaus seiner Pläne Haus Oranien nennt.

Oder ich. Es ist ein guter Name. Und dann fülle ich es mit Orangenbäumen. Es gibt Schlimmeres.

Aus dem Portugiesischen von Hanka Šołćic unter Mitwirkung der Herausgeberinnen.

Clara Ferreira Alves, geboren 1956, ist eine bedeutsame portugiesische Journalistin, Schriftstellerin und Literaturkritikerin. Nach ihrem Studium an der Juristischen Fakultät der renommierten Universität Coimbra widmete sie sich besonders politischen Themen und tritt regelmäßig als Kommentatorin in portugiesischen politischen Fernsehsendungen auf. Ihr breites weltpolitisches Wissen ist auch in ihrer Erzählung *Laranja - A Casa de Orange* zu finden, in der sich die portugiesische Protagonistin mit dem Problem von Scheidungen, patriarchalen Ehemännern und Kulturschocks auseinandersetzt.

Hanka Šołćic wurde 1993 in Räckelwitz, einem Dorf in der zweisprachigen Oberlausitz, geboren. Als gebürtige Sorbin war sie schon früh von Sprachen und anderen Kulturen fasziniert. Nach dem Abitur im Jahr 2012 begann sie ihr Bachelorstudium Sprache, Kultur und Translation am FTSK Germersheim der Johannes Gutenberg-Universität Mainz mit der Sprachkombination Russisch, Portugiesisch und Arabisch. Während ihres Studiums absolvierte sie ein Praktikum bei der Deutschen Botschaft Duschanbe in Tadschikistan und ein Auslandssemester an der Universidade Nova de Lisboa in Portugal.

rot

Elgga Moreira

Kunst der Fuge - Kunst der Flucht

•

Nah ist es ein tief fliegender Vogel, ein Punkt am Horizont, wenn er sich entfernt, ein Nichts, je mehr er sich entfernt und verschwindet.
Der Vogel ist also drei Dinge. Ein Vogel, ein Punkt, ein Nichts.

    M. sitzt, hat ein Buch auf dem Schoß, der Vogel ist also drei Dinge..., ein Vogel, ein Punkt, ein Nichts. Sie legt das Buch auf den kleinen Beistelltisch, ergriffen von Trübsinnigkeit oder Schläfrigkeit oder süßem Nichtstun, Nichtstun ist immer süß, sie versteht nicht, wieso etwas so Schönes einen so schlechten Ruf hat, ohne jede Anerkennung seiner Qualität?... Andererseits die Qualität... andererseits die Festlegung von Qualität, das ist bereits eine Philosophie von, ist bereits eine Philosophie von, der Vogel, drei, mindestens drei Dinge, und wenn irgendwo hinter dem Horizont irgendjemand auf irgendeinem Boot den Vogel vorbeifliegen sieht, so wird er wieder zu einem Vogel, einem Punkt, einem Nichts..., wieder diese drei Dinge, ein Vogel, ein Punkt, ein Nichts..., Vogel Punkt Nichts..., Vogel. Punkt. Nichts.
    - die mit dem Vogel, die erinnert mich an die mit der Katze
    - wie, mit der Katze?

- die mit der Katze, die in einer Kiste eingesperrt ist und die lebt, die tot ist
- ich dachte, es ging um die mit Katz' und Maus
- die mit der Katze, die in einer Kiste eingesperrt ist, ist nicht,... wie soll ich sagen... ist nicht so offensichtlich...
- nicht?
- nein. Die Katze ist gleichzeitig lebendig und tot
- hä??!!

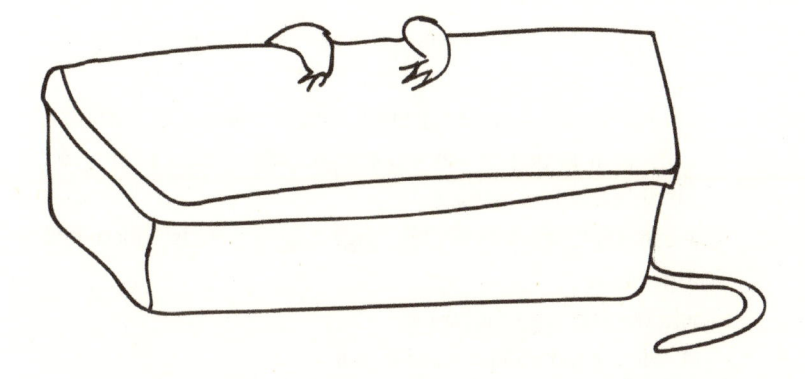

Die Sonne steht hoch. M. lehnt sich zurück, schließt die Augen, schließt sie fest. Reflexe, rote Flecken. Rote Kreise.
Sie lächelt.
Sie sieht sich huckepack auf den Schultern ihres Vaters, wie sie ihm Fragen stellt, über den Himmel, die Sterne, und wenn nichts so wäre, wie es ist, wie wäre dann das Nichts? Dann schloss sie die Augen, ganz, ganz fest, bei dem Versuch, die roten Kreise zum Verschwinden zu bringen.
Vater, ich sehe das Rote in Kreisen, in Kreisen, das Rote verdeckt das Nichts, das Nichts verschwindet, ich möchte das Nichts sehen, Vater, und sehe das Rote in Kreisen, ich sehe das Nichts nicht, ist das Nichts rot, Vater?

Vater achtete sehr darauf, zu antworten, bis er keine Antworten mehr hatte oder gelangweilt war, es sich jedoch nicht anmerken lassend, fragt er sie
Willst du, dass ich dir eine Geschichte erzähle? Er erzählt einmal, zweimal, er erfindet, „es war einmal ein König, der in bitterer Armut lebte, er sah sich gerne den Sonnenaufgang, die hochstehende Mittagssonne, die untergehende Sonne an, stets verliebt in seine Königin und in eine schöne Prinzessin, seine Tochter"
- Vater, Vater, kann die Königstochter auch regieren?
- ....
- soll ich dir die von den drei kleinen Schweinchen erzählen – die vom Rotkäppchen – die vom... die von.... welche soll ich dir erzählen, los, sag.
- wieso sagst du immer los, sag? Sag schon ist doch viel söner.
- schööö-ner, sag schööö-ner
- M. wiederholt sööö-ner, sööö-ner

Geerbt hat sie vom Vater weder das Fingerspitzengefühl noch die blauen Augen. Sie hat das Ehrliche, das Ruhige geerbt, Wutausbrüche, seltene, heftige.

Alles geht vorbei, und heutzutage, oder morgenzutage, wieviel Zeit wird uns noch bleiben?

Heute ist ein anderer Tag. Zurückgeblieben sind die Hinfälligen, Wracks nur noch ihrer selbst, und auch die einst Ruhmreichen.

Sie alle wurden dahingerafft, die, die in ihrer Blüte standen, und die Roten, Grellen. Grelle Farben gefallen ihr nicht. *Red Zone* ist etwas anderes, *Red Zone* zu sagen, das erinnert an Verbote, Tragödien.

Wohingegen das portugiesische *zona vermelha* einen sanften, in sich verschlossenen Klang hat. Es kann an eine Schale voller

Erdbeeren, an Geranien mit Blättern in Herzform, an den beständigen Kreislauf des Lebens etc. erinnern. Und die Leute mögen Erdbeeren und die Leute sind, wenn sie vorbeikommen, verblüfft vom Rot der Geranien, während bei *el rojo* der Ton der Leidenschaft mitschwingt, ein kühner, aufregender Ton, auf dem Gipfel der Emotionen.

- haluuuziniiierrrren ist das dein geistreichstes Stichwort?
- wenn du das sagst, wer bin ich, dir zu widersprechen?
- ich kann diese Konversation nicht führen
- weder diese, noch irgendeine
- eben. Ich kann keine gesellige Konversation führen. Salonfähig. Oder hoffähig.
- dann tu was. Dem Geist der Zeit ist es vor allem danach.
- Wonach?
- hoffähige Konversation. Oder salonfähige. Oder schwachsinnige. Schwachsinnige Konversation.
- das ist ein Traum, nicht wahr?
- Pustekuchen
- was sonst?
- was sonst?! Siehst du denn nicht, dass dies ein Albtraum ist?
- der Geist der Zeit, halluziniert...
- haluuuziniiier... te.... te... te?
- von hier hört man ein Echo
- ?????
- sei still, hör zu
- wirrr... irr sind... ind die... ie Unersäätli chen... chen, diesese... ist ist diiie letztete Warnungnug ung ung....
- wir sind die Unersättlichen, dies ist die letzte Warnung, was haben die danach gesagt? Ich hab's nicht gehört oder nicht verstanden
- hey, du Trantüte... hör zu... die sagen, dass wir in der *Red*

Zone sind, es ist besser, wir hauen so schnell wie möglich von hier ab
- wäre es nicht besser, hier auf den Gegenbefehl zu warten?
- nein. Es ist besser, wir hauen so schnell wie möglich ab
- es kann sein, dass ein Gegenbefehl kommt, und danach noch ein Befehl, auf den wieder ein Gegenbefehl folgt, und in der Zwischenzeit wachen wir auf, und, bevor die Mausefalle wieder zuschnappt, und, und, und,
- Pustekuchen...
- hast recht, kein Aufwachen... aber weißt du, ich glaube immer noch, dass es...
- bleib hier, wenn du meinst, ich hau ab.

M. träumt, dass sie sich im dunklen Zimmer befindet. Ein dunkles quadratisches Zimmer, oder ein dunkles rundes Zimmer?

Du kommst ins dunkle Zimmer, ins dunkle Zimmer. Sie zittert wie Espenlaub. Sie hat aufgeschürfte Knie. Das ist nichts Schlimmes, sagt Vater, das tut nur jetzt ein bisschen weh, ist aber gleich vorbei. Nichts Schlimmes. Vater pustet. Vater pustet und küsst die Stelle.

Siehst du, schon vorbei.

Sie hat die Pläne vergessen, die willkürliche Reihenfolge der Pläne, die Pläne haben keine eigene Dynamik entwickelt, die

Pläne sind zu Boden gefallen, die Pläne sind dahin. Das ist alles ein riesengroßer Quatsch. Die Pläne befinden sich in Sicherheit, gut verschlossen.

Wenn ich kann... falls... sobald ich kann... rede ich mit dir, sie befinden sich in Sicherheit, sag ich dir doch, die Pläne. Wir beschäftigen uns momentan mit jedem noch so klitzekleinen Detail, damit der Plan nicht scheitert, haben wir Spezialisten aus allen Bereichen hinzugezogen, die mit den gewöhnlichen und den gewöhnlicherweise ungewöhnlichen Situationen vertraut sind. Sind sie nicht toll, diese Leute, mit Decknamen und allem Drum und Dran...?

Die Frage schießt aus ihr heraus, quer, laut, wie komme ich bloß von hier weg, wird etwas existieren, und wenn ja, was existiert denn, oder ist alles nur eine Farce?

Kaum fragte sie sich etwas zu einer Sache, kam ihr kurz darauf eine neue Fragestellung. Fragestellung über Fragestellung über Fragestellung, bis, dachte sie, nie etwas endgültig ist und alles zum Nichts führt ... ALSO ... wozu sollte sie weitermachen?

Wie komme ich hier 'raus? Sie dachte nach, so gut sie konnte, so gut sie es schaffte, dachte sie nach, der Plan ist nicht planvoll, vielmehr ist er planlos, eine Flut, oder ein Strom, weder entworfen noch verworfen, und dann die Ideen, kaum hatte sie eine Idee, kam schon die nächste,

was für eine Idee, die Idee ist dahin, wer weiß, wohin, mit Wohnsitz und Meldenamen....

los... an den Meldenamen erinnern... den Meldenamen... rot, rot, namentlich rot... oder Tauf-... Taufnamen... das heilige eilige Ding

Sie schlussfolgerte.

Anstelle eines Vorworts. Oder Kapitels.

Deckname: Rot

Ohne viel Aufhebens gibt sie sich dem Schlaf hin, im Zwischenschlaf gepunktete schattierte Erinnerungen, die aus nichts weiter als undeutlichen Stimmen bestehen, die widerhallen, verschwinden. Jähe Lichtblitze springen, tanzen, wirbeln herum, verstecken sich, springen, tanzen, wirbeln herum, verschwinden

Im Schlaf, REM-Phase
- und los geht es mit mir
- von... von wo nach wo?
- mich in den Abgrund stürzend
- zwischen der Erde und dem Himmel?
- zwischen der Hölle und dem Himmel
- irgendetwas dazwischen
- irgendwie dazwischen...

zwischen..schen...schen

Echos, Turbulenzen, sie gewöhnt sich an das Stimmengewirr im Zwischenschlaf, im Zwischenerwachen, oder zu jeder Tages- und Nachtzeit, ohne Vorwarnung, woher, das weiß sie nicht.

Der Geschichtslehrer in der Uniform der faschistischen Jugend, der Geschichtslehrer, der das Wort „efecturema" zu gebrauchen pflegte – ein Wort, das, wie sie eines Tages herausfand, gar nicht im Wörterbuch des Portugiesischen steht – Efecturema Nr. 5 beantworten Sie die Frage, Efecturema Nr. 12 stehen Sie auf und beantworten Sie die Frage, die Efecturema Nr. 5 nicht beantwortet hat

....

Spitze Spitze Saharaspitze Spitze Spitze Saharaspitze Spitze Spitze Saharaspitze

....

Mein Hut, der hat drei Ecken, drei Ecken hat mein Hut

....

Sie hat sich getraut, ihn zu fragen,

Ob sie heiraten würde.
Ein süßes Pärchen,
Mit Haus und Gärtchen,
Und drei Söhne werden's sein
Alle mit Umhang und Degen, fein.

....

Mehr sehe ich drei Mädchen
Unter einem Orangenhain

......

Und hätt' er nicht drei Ecken, so wär's auch nicht mein Hut
Und hätt' er nicht drei Ecken, so wär's auch nicht mein Hut

......

seit wann bin ich in diesem Trott verloren?
die Rosenkränze, die haben sich gegen mich verschworen
und so viel Zeit ist vergangen
ich kann sie nicht vom Leben zurückverlangen

......

Und hätt' er nicht drei Ecken, so wär's auch nicht mein Hut

......

Was ist das für ein Wind, mal ist er laut wie Gejaule, mal ist er leise wie eine klagende Brise, ein Winter, der bis in den Frühling hinein dauert, Sommer inbegriffen.
 Sie fühlt sich antriebslos, und die Zeit, das Wetter, all das macht es auch nicht besser, wirklich nicht.
 Schlechtes Wetter, schlechte Zeiten sind das, die verbeißen sich in einem wie tollwütige Hunde.
 M. läuft auf und ab, geht zum Fenster, blickt zum Hang rüber, schaut des Schauens willen, am Hang geschieht nichts.
 Absolut nichts. Sie mag es, dorthin zu blicken, wo nichts geschieht. Vielleicht hat ihre Mutter sie deswegen früher als Träumerin, als Dummkopf bezeichnet.

- wo schaust du hin, meine kleine Träumerin?
- was machst du gerade, mein kleiner Dummkopf?

M. spürt den Puls und findet Gefallen an der Langsamkeit. Sie verliert das Gleichgewicht. Sie verliert gar nichts durch das Verlieren des Gleichgewichts. Wie schwer wiegt das, das Gleichgewicht zu verlieren? Wie alles andere, was sich verliert?

M. ist eine Verliererin. Sie verliert alles, sie ist eben eine Träumerin.

- du bist eine Träumerin – sagte ihre Mutter
- sie verliert alles, auch die Orientierung
- wer die Orientierung verliert, wird orientierungslos
- verliert die Vernunft
- verliert den gesunden Menschenverstand
- unvorhersehbare Wutausbrüche
- nicht aus nichtigen Anlässen
- nein. Aus nichtigen Anlässen, das nicht
- sie ist nicht leicht reizbar
- leicht reizbar, das nicht
- jetzt, da uns niemand hört
- du meinst wohl eher, jetzt, da uns keiner liest
- wie dem auch sei. Niemand hört oder liest uns. Wer hat es wem erzählt, der es dann dir erzählt hat, dass die Orientierungslosigkeit sich dauerhaft festgesetzt hat, aus nichtigen Anlässen heraus, leicht reizbar oder was auch immer...
- da gingen sie los... Beleidigungen über Beleidigungen, was weiß ich, ob gar Schläge....
- mit stechendem Schmerz und allem Drum und Dran?
- und allem Drum und Dran. Du sagst es, und allem Drum und Dran.
- so als ob man ihr einen Schuss gäbe?
- noch besser. Oder, sagen wir noch schlechter

- besser oder schlechter als das?
- besser schlechter oder schlechter besser. Das ist wie die Wahl zwischen Pest und Cholera.
- so als ob...?
- ja, so als ob
- es geht mir nicht aus dem Scheiß Kopf
- was geht dir nicht aus dem was?! Diese Ausdrücke sind doch nicht von dir
- welche Ausdrücke?
- na die mit dem Scheiß Kopf.
- du bist wirklich ein Dummkopf. Weißt du denn nicht, dass bei uns Alarmstufe Rot herrscht? Hab ich dir nicht schon gesagt, dass ich meine Arbeit verloren hab? Was soll man denn machen, wenn die Hütte brennt, sich das etwa schönreden?
- meiner dreht sich im Kreis
- dein was?
- mein Kopf. Alles summt und brummt, ich weiß nicht so genau
- komm mir bloß nicht mit Reimereien, schon gar nicht so verstohlen. Der Zeit ist nicht nach Sprüchen oder Reimereien.
- und wenn sich rot auf Kot reimt? Kot verteilen reimt sich nicht mit rot
- sagt er dir jetzt, dass du einen auf Kalauer machen sollst, oder ist das eine Provokation?
- hab ich dich nicht gewarnt, dass ich diese Konversation nicht führen kann?
- du sollst aber auch nicht vom Thema wegführen
- und, vom Thema wegführen, ist das schlecht?

Ich glaub, wir sind schon bedient, was Konversationen angeht. Du selbst sagst es ja. Ja du sagst es, immer und immer wieder. Du sagst es immer wieder. Hast du es etwa schon vergessen? Dass wir von Konversationen....

Das Beste wird sein, vom Thema wegzuführen; vielleicht wird jemand das Wegführen vom Thema bemerken... oder auseinandernehmen... wer weiß, vielleicht wird am Ende lediglich eine klare Konversation übrig bleiben, nur mit dem Essenziellen, wer weiß...

- du glaubst, dass sich Konversation auseinandernehmen lässt?
- etwa nicht?! Jemand, der die richtigen Kompetenzen hat, oder vielleicht auch nicht nur die richtigen, sondern auch andere.... nicht richtige
- hmmm... wer weiß... darüber hab ich noch nie nachgedacht
- aber du hast vorhin von Alarmstufe Rot geredet...
- es ist nicht Alarmstufe Rot, es ist Rotlauf, *zona vermelha*,
- ist das nicht eine Hautkrankheit?
- eine Hautkrankheit?
- ja, der Rotlauf... Ich hab im Fernsehen einen Arzt davon reden hören
- ???
- lass gut sein, das kommt mir vor wie ein Dialog zwischen Tauben
- was du nicht sagst. Ein Dialog zwischen Tauben oder Taubstummen

Wenn sie an dem einen Tag den Schwung verliert, verliert sie am anderen Tag komplett den Faden. Sie belässt alles im Urzustand, oder als Skizze, oder am Rand, aufgewühlt. Morgen, wenn ein Windstoß hereinweht, wird man sehen. Morgen.

Sie notiert Zufälle im Kopf, es ergibt sich einer jetzt, bald darauf wieder ein anderer, wieviele sind es nochmal, sie verliert den Überblick.

Sie verliert alles. Schlüssel, Geldbeutel, Regenschirme, Tüten mit dem Einkauf, Papiere, Papiere, Papiere. Papiere fliehen aus ihren Händen. Die Wasserrechnung, Strom, Telefon, Briefe höööchs...steeerrr Wichtigkeit, Wiiichhhh...tig...keit. Höööch... sssteerrr Wiiichhhh...tig...keiiit.

Zum Teufel mit dem ganzen Papierkram, Papierchen, es sollte sich jemand darum kümmern, der die Dokumente mit Zärtlichkeit, viel Zärtlichkeit, behandelt, mit viel Zuwendung und Fürsorge, in Archiven, wo alles fein säuberlich eingeordnet ist.

M. schaudert es, wenn sie an Dinge oder Orte denkt, wo alles fein säuberlich aufgeräumt ist. Nicht bloß aufgeräumt, fein säuberlich aufgeräumt.

Sie weiß nicht, mit welcher Ordnung sich die Ordnung ordnet, es ist alles eine Frage des Willens, hörte sie sagen, und sie denkt, dass jene Frage des Willens ein breites Kreuz hat.

Sie denkt darüber nach, dieses und jenes zu tun, denkt darüber nach und rührt sich nicht vom Fleck.

Sie liest einen Abschnitt aus dem einen Text, dann einen aus dem anderen, aus dem braunen Buch, Anmerkungen über die Farben, Blätter (*Zettel*), voll und ganz loslassend, genießend, ja, genau das.

„Wir sprechen nur unter ganz besonderen Umständen von ‚denken'", sie beginnt immer und immer wieder von vorne, weiß nicht, was diese ganz besonderen Umstände sein sollen, und wenn sie dabei ist, besondere Umstände auszusprechen, wird sie schon am Denken sein, kann es sein, kann es sein...

Sie schenkt keinem Gehör, sie will keinem Gehör schenken, sie kann keinem Gehör schenken, es ist ein Ton, der benommen macht,

ein Ton in roter Farbe, ein lebendiges Rot, ein lebendig herumwirbelndes Rot, lebendig herumwirbelndes... herumwirbelndes

M. steht auf, fühlt sich wie ein aufgescheuchtes Huhn, weiß nicht, wo oben und unten ist. Sie verlässt das Haus. Ich bin hinausgegangen, um was zu tun, um was zu tun, sie macht einen kleinen Spaziergang um den Block, um den halben Block, um den Viertelblock, sie verläuft sich, verirrt sich, der Block wurde nicht im Uhrzeigersinn umrundet, sie beginnt ihren Spaziergang um den Block von vorne, um den halben Block, um den Viertelblock.

Zurück im Haus, legt sie eine CD auf, seit Wochen dieselbe, dieselbe, dieselbe.

Kunst der Fuge. Kunst der Flucht.

Aus dem Portugiesischen von Florian Pointner unter Mitwirkung der Herausgeberinnen.

Helga Moreira wurde 1950 in Quadrazais nahe Guarda geboren. An der Universität Porto studierte sie Physik. Mit *Cantos do Silêncio* (1978) veröffentlichte sie ihren ersten Gedichtband, dem weitere folgten, u.a. *Fogo Suspenso* (1980), *Os dias todos assim* (1996), *Tumulto* (2003) und *Agora que falamos de morrer* (2006). Ihre Erzählung *Arte da Fuga* in der Anthologie *Do branco ao negro* veröffentlichte sie unter dem zum ersten Mal verwendeten Pseudonym „Elgga Moreira". Darin nimmt die Naturwissenschaftlerin in Form einer Anspielung auf das berühmte Gedankenexperiment des österreichischen Physikers Erwin Schrödinger („Schrödingers Katze") Bezug auf ihr Fachgebiet. Die wichtigste Anspielung in der Erzählung ist jedoch die der Musik (J. S. Bachs „Kunst der Fuge"). Die Erzählstruktur ist selbst als „Fuge" beschreibbar.

Florian Pointner wurde 1992 in Wasserburg am Inn geboren. Nach dem Abitur 2012 studierte er ein Semester lang an der Universität Heidelberg den Studiengang Übersetzungswissenschaften mit den Fremdsprachen Französisch und Portugiesisch. Danach wechselte er an den FTSK Germersheim der Johannes Gutenberg-Universität Mainz und belegte dort den Studiengang Sprache, Kultur, Translation, zunächst noch mit Französisch und Portugiesisch, seit dem Wintersemester 2013/14 aber mit Englisch, Portugiesisch und Französisch. Im Rahmen dieses Studiums verbrachte er ein Auslandssemester an der Faculdade de Letras der Universidade do Porto (FLUP).

rosa

Eugénia de Vasconcellos

ROSA

•

Die Rua da Rosa, im Lissabonner Stadtviertel Bairro Alto, beginnt unten, ganz unten am *Largo do Calhariz*. Sie sprießt dort aus einem Bogen aus Leben hervor, wie ein Kind, das zwischen den gespreizten Beinen seiner Mutter hervorkommt, und wächst an zwei Bürgersteigen entlang, die einzige Wegführung des gesamten Stängels; Dornen links, Dornen rechts, immer weiter ansteigend, mit unvermeidbaren Abzweigungen in die *travessas*, die engen Gassen: *Mercês, Fiéis de Deus, Inglesinhos, Água da Flor, São Pedro, Conde de Soure*, bis sie in ein Meer aus Blütenblättern mündet, sich dort ganz öffnet und schließlich in der Rua Dom Pedro V zu Ende geht.

Das Haus mit der Nummer 163 befindet sich, wenn man den Weg nach oben geht, auf der linken Seite. Es ist ein kleines gelbes Haus mit drei Türen, drei Stockwerken – eingeklemmt zwischen zwei aufdringlichen Wänden, eine davon mit Azulejos verkleidet, die andere in einem undefinierbaren sandähnlichen Farbton. Die Nummern 165 und 167 desselben gelben Hauses haben Fenster mit schmalen Balkons und eisernen Balustraden. Die 163 nicht. Sie hat ein Rundfenster, durch das ein schmales rundliches Licht pulsiert. Und dort oben, dreist unterhalb einer wellenartigen Linie aus roten, stillen Dachziegeln, einer über dem anderen, können zwei kleine Fenster mit Rahmen, eingefasst in Mauerwerk, nicht die Blindheit der zur Straße zeigenden Wand verbergen.

Das Haus wirkt wie eine schmale Zunge. Die niedrige Haustür, grün gestrichen, fordert direkt auf der Stufe einen tiefen Diener, eine Verneigung aus der Hüfte heraus, mit gebeugtem Rücken – mach den Rücken krumm, du Gauner. Damit du durchpasst, lass du mal deine Angeberei schön draußen.

Dies war das Problem von Rosa Maria. Ein angeborenes, verdammt. Sie war klein, hellhäutig, hatte stahlblaue Augen und war äußerst wortgewandt, wenn es darum ging, Kontra zu geben; sie feuerte einem in jedem Satz immer mindestens fünf Schimpfwörter entgegen. Die Kleine konnte einem gefallen. Äußerlich kam sie weder nach der dunkelhäutigen Mutter noch nach dem ebenfalls dunkelhäutigen Vater. Auch ihre Geschwister, die jüngere Schwester und der Kleine, ihr Bruder, waren beide dunkler als Rosa. Sie passte, verdammte Scheiße, einfach nicht dazu!

Die Straße, in die sie hineingeboren wurde, war nicht wie die heutige, doch befand sie sich damals zu Beginn ihrer Blütezeit; die Intellektuellen begannen eben, den gepflasterten Boden in Besitz zu nehmen. Es gab eine Gayparade, die man in der Nachbarschaft als tuntig, bunt und künstlerisch bezeichnete; sie ging die ganze Nacht hindurch bis zum nächsten Morgen. Die Typen ließen sich dort nieder und es war, als ob nichts dabei wäre, als wäre es schon immer so gewesen. Sie gingen in die afrikanischen Läden, um Obst und Zigaretten zu kaufen. Guten Tag, Dona Almerinda. Sieh dir diesen komischen Vogel an, dachte sie und danach dachte sie nichts, was sie nicht auch sonst dachte, sie verfolgte die gebrochenen Herzen, das Ein und Aus und wer mit wem.

Die Lage verschlimmerte sich, als ein Psychiater in das Haus gegenüber der 163 einzog. Er kam nach endlosen Bauarbeiten, die zwei Gebäude aus der Zeit des Marquês de Pombal verbanden, die Holzbalken sichtbar in Form von Andreaskreuzen, in einem weiten *openspace* guten Geschmacks, unverdächtig für den Vorbeigehenden. Er baute den Dachboden aus und richtete dort ein gemütliches Nest für seine Tochter ein, alles umgeben von Büchern, Puppen, eine Schiefertafel zog sich über die ganze Wand, auf der die Kleine nach Lust und Laune herumkritzeln konnte, und sogar eine kleine Arbeitsecke gab es – ja, glaubt man es denn, in diesem Alter. Das Mädchen hieß Mariana. Sie war käsig, auffallend blass. Oder, wie Rosa Marias Mutter sagte, blutleer.

Sofort wurden die beiden Mädchen die besten Freundinnen. Der Vater der einen war ein linksgerichteter Intellektueller, der der anderen ein Mann, der im Krieg in Afrika gewesen war und Schnaps in sich kippte, vermischt mit Maschinengewehrsalven und Kriegsgräueln, die nicht in zivilen Wortschatz übertragbar waren. Höchstens in einen Morse-Kode. Als die Erinnerungen dann dazu führten, dass man mit dem Finger auf ihn zeigte, wurde er in den hintersten Heeresposten der Funkabteilung versetzt, und nun, wegen der beiden Mädchen, seiner Tochter und der anderen, erhielt und versandte er Botschaften an den benachbarten Doktor in kleinen, in nur einem Schluck zu leerenden Gläschen. Auf Ihr Wohl, Herr Doktor. Rosa und Mariana waren unzertrennlich. Und für Rosa war die Kindheit in der *Travessa das Mercês*, der Gasse der Barmherzigen, eine glückliche. Sie war hochnäsig, aber dafür malte, las und lernte sie auch viel. Sie brachte Mariana das Kochen bei, nachdem sie es selbst gelernt hatte. Mariana war noch so klein, dass sie sich immer auf einen Stuhl stellen musste, während sie den Herd beobachtete. *Rissóis*, Kroketten, frittierte Stockfischbällchen. Reis mit Tintenfisch in Rotweinsauce und Reis mit Hähnchen in Weißweinsauce. Der Rindermagen, gewaschen und gesäubert, sah aus wie ein Meeresschwamm aus einer Naturkundesammlung; sollen das Kutteln sein, oder was? – Der Intellektuelle erlaubte seiner Tochter, bei diesen Hausarbeiten mitzutun, die ihr die Realität greifbar machten und das Haus in Ordnung hielten. Wenn sie ihren verbrannten Teig ein verficktes Dreckszeug nannte oder sagte, das Steak, zäh wie Juchtenleder, sei ein verdammtes Arschloch, lächelte er nur milde und ermahnte sie kurz: Du sollst so nicht reden, mein Schatz. Ich werde es dir nicht verbieten, aber Papa wäre es lieber, du würdest so etwas nicht mehr sagen. Das tut dir nicht gut, du hast dich nicht im Griff, es schadet deiner Ausdrucksweise und verringert deinen Wortschatz. Das ist so ähnlich wie mit dem Alkohol, den der Papa trinkt. Er ist nicht gesund, schmeckt aber, also muss man ihn in Maßen genießen, verstehst du, Liebes?

Ja, Papa... ach verdammt, der scheiß Milchreis ist zu weich.

Nun, diese Nähe war nur möglich, weil Rosas Mutter eine der Treuen der *Fiéis de Deus*, der Gasse der Gottestreuen, war, die durch ihre Arbeit, Tag für Tag, ein Lissabon aufrecht erhielt, welches so nicht mehr existiert, es hat dicht gemacht. Auch gibt es niemanden mehr, der in diesem Teil der Stadt leben und dieser Gruppe von Treuen Arbeit geben würde. Man hat das Domizil endgültig zur *Linha de Cascais*, in die reichen Vororte, verlagert und musste sein früheres Personal entlassen, das mit zu vielen freien Tagen, mit Urlaub, einem 13. Monatsgehalt und sogar 12 Schuljahren zu teuer geworden war – immerhin kamen dann die Einwanderer aus den ehemaligen Ostblockländern, von denen nicht alle die Anerkennung ihrer Diplome einforderten.

Davon verstand die Tochter jedoch nichts, sie wusste nur, dass es wichtige Menschen waren. Ihre Mutter hatte bis zu ihrer Heirat keine andere Arbeit gekannt, noch hatte sie nach ihrem elften Lebensjahr jemals außerhalb des Zimmers neben der Küche geschlafen. Außer natürlich wenn alle losfuhren, zum Landgut, dann zog sie im Schlepptau der Herren, wie ein Gepäckstück, im Zug durch ganz Portugal. Als sie noch sehr jung war, war sie das Mädchen für alles in den Ferien der Kinder, zudem Küchenadjudantin, nicht etwa ein einfaches Küchenmädchen, nein, sie doch nicht, Küchenadjudantin, das war sie. Hauchdünn geschnittene Zwiebeln, kiloweise geschälte Kartoffeln und jede Menge steif geschlagenes Eiweiß, mit der Kraft und Schnelligkeit ihres Armes.

Heute war Gott sei Dank alles anders. Sie hatte ein eigenes Zuhause, zwar mit einfachen, fensterlosen Wänden, doch war es ihr Eigentum, ein Hochzeitsgeschenk ihrer Herrschaften. Alle ihre Kinder konnte sie nun zur Schule schicken, wo sie alles lernen würden, von Anfang bis Ende – notfalls mit Gewalt. Man sprach nicht gerne darüber, doch es hatte ganz schön viel Not geherrscht, als sie noch ein Kind war. Und Hausmädchen zu sein, bei solchen Herrschaften, was für ein Glücksfall. Es fiel ihr sehr schwer, im Bett weinte sie viel, weder Mutter noch sonst wer, aber es geschah alles zum Wohl der Kinder und aus Liebe zu ihnen, dass man sie zum Arbeiten weit weg von zu Haus schickte. Und sie konnte sich nicht einmal über ihre Eltern beschweren, immerhin hatte sie bis zur vierten Klasse in die Dorfschule gehen dürfen. Es hatte nur nicht viel genutzt, da ihr Kopf nicht in der Lage war, sich zu konzentrieren, und ihre Hand einfach nicht den geraden Linien in den Heften gehorchen wollte; ihre fetten Buchstaben verschmierten alles. Was sollten ihre Eltern da nur tun? Sie nach Lissabon schicken, natürlich. Mit den Herrschaften. Sie würden sie wiedersehen während der Ferien der Kinder, wenn die Herrschaften zurück ins Dorf kämen.

Rosas Mutter war Köchin gewesen. Und was für eine. In einem großen Haus, gleich drüben am Park von *Príncipe Real*. Das war natürlich, bevor die Familie, die dort wohnte, nach Estoril, an die *Linha de Cascais*, umzog und das Gebäude zur Filiale einer Bank wurde. Rosa, als älteste Schwester, musste zu Hause alles in Ordnung halten. Und ob, wie sonst soll ich denn arbeiten gehen? Da musst du halt auf Maria do Carmo und auf João António aufpassen, kapiert? Und sie erntete auch so einige Ohrfeigen, denn die Mutter nahm es sehr genau und teilte aus. Diese hier ist für die Fehler beim Diktat. Die dafür, dass man Frittiertes nicht mit Verkohltem verwechselt, hast du gehört? Und weitere Ohrfeigen, weil Mutter einen Sauberkeitswahn hatte. Nicht aus Böswilligkeit. Da die Arbeitstage in diesem ja so guten Haus kein festgesetztes Ende hatten, lagen die Nerven bei ihr manchmal blank. Ständig lachte und weinte sie abwechselnd.

Kurz nachdem der Arzt in das Haus gegenüber eingezogen war, nistete sich bei ihr sogar ein Wahn ein, der manchmal zum Ausbruch kam: Man durfte die Lichtschalter nur mit den Ellenbogen betätigen, da die schmutzigen Hände sonst Abdrücke hinterließen. Und wasche mir ja nur alles ganz ordentlich und schrubbe mir ja bloß das Waschbecken gründlich mit Vim, nachdem du es benutzt hast, und wenn es nur einmal war. Und wehe, wenn der Wasserhahn nicht glänzt, da wurde dann geschrien und an den Haaren gezogen. Und was bist du nur für ein Schwein.

Die Tabletten wirkten. Sie schlief mehr, aß mehr, bewegte sich weniger, weinte weniger, schrie weniger – gab etwas Ruhe. Nach einem Jahr wog sie zehn Kilo mehr und schien eine andere. Zu diesem Zeitpunkt starb ihre Mutter, in ihrer alten Heimat, die Großmutter, die Rosa nie kennengelernt hatte. Jetzt, da meine Mutter von Gott geholt wurde, werde ich diese schlechten Menschen bald verlassen. Verdammte Geizhälse, diese Hurensöhne, mehr als zwanzig, sitzen da am Tisch, um mit dem Minister zu Abend zu essen, und werden von den Jungs der Hotelfachschule am Tisch bedient, umsonst, um Eindruck zu schinden, in Dienstbotenkleidung, während deine Frau, das dumme Küchenmädchen, alles ganz alleine und ohne fremde Hilfe in der Küche machen darf. Was meinst du?

Ihr Mann meinte, dass der Geruch verbrannten Menschenfleisches süß und ekelhaft war und dass Frauen dämonische Schreie ausstießen, wenn man ihre Kinder tötete und sie dann anzündete, nachdem sie mit Benzin übergossen wurden. Dies war der Klang der Höllentiere, dieser heulende Chor, er hatte das Gesicht weggedreht, um es nicht mit anzusehen, er, der nichts getan hatte, hatte das Gesicht weggedreht und sah es noch immer, selbst mit geschlossenen Augen, und es drehte ihm nun stattdessen den Magen um und es quälte ihn sein Magengeschwür. Mach das, Schatz, geschieht denen recht. Mach dich selbständig. Niemand hat ein solches Händchen fürs Kochen wie du: Nicht einmal ein König hat besseres Essen als ich, vielleicht hat er das Gleiche, aber auf keinen Fall etwas Besseres. Siehst du nicht, dass sogar der Doktor wie neugeboren wirkt, seit Rosa ihm zusammen mit seinem Mädchen das Essen zubereitet? Und dein Essen in ihren Händen ist nicht so gut, das weißt du selbst; ihr Essen kommt nicht an deines heran. Ein schwächlicher Mensch, doch jetzt sieht er anders aus, er hat sogar Farbe bekommen.

Eines Tages klopfte es an die Tür. Es war die Sekretärin der Senhora, der früheren Brotgeberin. Sie tat ganz höflich und bekümmert und teilte ihr die Sorgen der Herrschaften mit. Ob man helfen könne? Was war passiert? Ging es allen gut? Na, sagen Sie ihnen, dass ich gestorben bin. Es gefiel ihr, dieses Erstaunen hervorzurufen. Und einen undankbaren Gesichtsausdruck aufzusetzen. Sie kamen nicht ihretwegen. Sie kamen wegen der wertvollen Arbeitskraft für wenig Geld. Das verstand sie nun mittels der Tabletten. Genüsslich wiederholte sie: Sagen Sie ihnen, dass ich gestorben bin. Und sie ist wirklich gestorben, weil sie nie existiert hatte, nie hatte man ihr auch nur etwas nachgelassen. Danach lagen ihre Nerven nicht mehr blank, kein serpentinenartiges Auf und Ab der Gefühle, sich vor Putzwahn verzehrend, zerstörender als das Scheuerpulver. Eine Hitze im

Inneren der Brust, als müsse sie platzen, wenn sie nicht sofort das Hemd zerrisse. Da war eine Schwäche in ihrem Kopf, die durch die Therapie des Arztes und die neue Arbeitssituation endlich ein Ende fand, während sie und die Mädchen, Rosa Maria und Maria do Carmo, herzhaftes, salziges Gebäck herstellten, das die Auslagen in den Cafés füllte, und Kuchen, derart raffiniert französisch, dass sie stückweise in den teuren Restaurants verkauft wurden. Und alles Mögliche an portugiesischen Süßspeisen klösterlicher Herstellungstradition. Die Tochter des Doktors half ihnen dabei. Nicht schlecht für eine Tote, was? Ihr Arschgeigen.

Das waren die besten Jahre. Das Geld zählte man in Scheinen. Das Leben lief glänzend, als der Arzt mit seiner Tochter genauso plötzlich verschwand, wie er gekommen war. Mit der Begründung, dass das Viertel zu laut geworden sei, alles voller zerbrochener Flaschen von Trinkgelagen, und die Studenten den Platz der schwulen Künstler eingenommen hätten. Dass es in den Bars und auf den Straßen kein Talent mehr gebe, es sei das Hype-Viertel, die Intellektuellen kämen nur kurz vorbei, auf einen Sprung, es gebe nur noch Kommerz, Lärm und Schmutz. Und sogar die Leute selbst hätten ihre Authentizität verloren. Nichts sei mehr echt. Ein *je ne sais quoi* von pittoresk sei verloren gegangen. Rosa wusste nicht, was pittoresk war, aber sie merkte sich dieses Wort genau. Wer dem Ganzen noch einen draufsetzte, war Rosas Vater. Pittoresk. So ein faschistischer Kommunist aber auch... und für solche Typen bringen wir Schwarze im Krieg um.

Rosa war am Boden zerstört. Eine tiefe Traurigkeit, die sie nach innen weinen ließ. Wenn sie mit Mariana kochte, war sie frei – wie eine Hausherrin. Auch wenn sie beim Saubermachen waren, war sie frei, sie tat es aus Liebe und weil sie Gefallen daran fand, ganz ohne Verpflichtungen. Sie war es zudem, die die Zügel in der Hand hielt. Sie brachte Mariana etwas bei. Und es gab die Bücher. Die aus Marianas Zimmer und die aus dem Wohnzimmer und die aus den Regalen, die über die ganze Wand im Flur gingen. Sie musste nicht nach ihnen fragen, es war, als wären es ihre eigenen. Sie las die Bücher und stellte sie wieder an ihren Platz. Schließlich behandelte sie die Flecken an den Hemden des Doktors ebenso, als wären es ihre eigenen, sie entfernte sie und legte die Hemden in tadellosem Zustand wieder zurück in den Schrank. Ach, diese Wut, ach dieser jähzornige Kummer! Und gab er ihr nicht die gleiche Nachhilfe bei den Hausaufgaben, die er seiner eigenen Tochter gab, verdammter Scheißdreck? Und sie war die bessere Schülerin. Kochte besser. Putzte besser. War hübscher. Schneller. Fickt euch alle beide, ihr Riesenarschlöcher.

Aber sie gingen doch und plötzlich, eines nach dem anderen, kam das Unheil. Es fehlte dem Unheil nichts an Authentizität, es war ein wahrlich pittoreskes Spektakel. An einem Tag ging es Rosas Vater noch gut, und am nächsten Tag ragte ihm eine Beule aus der Schulter. Das Ding wuchs in dem Maße, wie er selbst immer mehr verschwand, als ob ihm alles Fleisch auf die rechte Seite von der Hüfte an aufwärts wanderte. Das eingefallene Gesicht bestand nur noch aus Augen. Er wollte nichts essen. Er sagte, dass alles auf seiner Zunge nur noch nach Metall und Blut schmecke. Die Ehefrau wurde durch die Tabletten allmählich immer dicker – und nichts mehr mit Backblechen voll herzhaften Gebäcks. Kein einziger Kuchen. Aufgequollener als Marianas zerkochter scheiß Milchreis. Mühsam hörte man die Mutter klagen, ach Tochter, ach meine liebe Tochter. Maria do Carmo und João António, ach Schwester. Den Vater, lass mich hier in meinem Bett sterben, Rosa, mein liebes Kind, so schön blond. Geld, nichts.

Eines Nachmittags rasierte Rosa gerade den auf die Kissen gestützten Vater, sein Kopf berührte dabei fast den Rosenkranz aus lackiertem Kork, der neben dem Nachttischchen von der Höhe herabhing, als sie den gekreuzigten und stummen Jesus aus Blech sah, und da durchfuhr sie in ihrem Inneren ein Verlangen zu schreien, und da wollten auch in ihr die Feuerschlangen der Mutter aufsteigen, um ihr die Kleider unter Schreien zu zerreißen. Den Teufel werde ich tun, du Schweinehund. Das Kreuz ist deines.

Sie ließ den Vater im Haus sterben, so wie er es gewollt hatte, bloß noch Augen. Rosa stützte auf dem Friedhof ihre immer wieder in Ohnmacht fallende Mutter, brachte sie zurück ins Zimmer und legte sie wieder hin, dann ging sie, ganz in schwarz gekleidet, noch blonder wirkend, Schuhe mit ein wenig Absatz, schnellen Schrittes raus auf die Straße, beinahe flüchtend. Auf der Höhe der *Travessa dos Inglesinhos*, der Gasse der kleinen Engländer, stockte sie. Gerade vor einem Schild, das an der Tür eines soeben wiedereröffneten Restaurants hing: Küchenadjudant gesucht. Geben Sie mir Arbeit, ich habe gerade meinen Vater beerdigt. Sie können morgen anfangen. Es gibt Mindestlohn und das Trinkgeld wird unter allen aufgeteilt. Ich fange sofort an. Sie spülte irrsinnig große Mengen an Geschirr, schrubbte die Sitzbänke, den Boden, desinfizierte ihren Körper mit Bleichmitteln, bis in die Poren, gründlich genug, um zu den Schlangen aus Asche vorzudringen. Es brennt, damit du lernst, nicht zu verbrennen. Als sie in ihr Bett fiel, schlief sie wie ein Stein.

Früh am nächsten Morgen ging sie zum Restaurant, nur um herauszufinden, dass man ihr letztlich nur ein Drittel des Mindestlohns zahlen würde, weil man erst noch am Anfang stand. Leckt mich doch am Arsch, ihr scheiß Zuhälter.

Sie atmete ein. Tief. Und atmete aus.

Sie schickte ihre Mutter mit dem Zug aufs Land, zu deren Schwester, Rosas Tante, die ein Haus mit Gemüsegarten besaß und durch ihre Witwenschaft ausreichend versorgt war, sofern sie es verstand, mit dem umzugehen, was ihr verstorbener Mann ihr hinterlassen hatte. Zwei Schwestern, zwei verstorbene Ehemänner, zwei halbe Renten, ein Haus und ein Gemüsegarten. Wunderbar. Und weg war sie, zahm und unter Medikamenteneinfluss, hinein ins Landesinnere, das wie immer an ihrem Fenster vorbeizog, in dem üblichen Zug. Arbeit sein. Gepäck sein. Arbeit und Gepäck gebären. Sonst nichts. Gott bewahre, sagte Rosa, sich bekreuzigend, nachdem sie zum Abschied gewunken hatte. Ade.

Sie suchte Pater Jacinto auf, um mit ihm zu sprechen, den Pater der Drogenabhängigen, hey Mann, ja, schon klar, sie kannte ihn, seit er damit begonnen hatte, die Bekehrten zum Methadon zu bringen, Amen, damit sie mit dem Doktor auf der Terrasse des Cafés von *Zé Bomba* sprachen, so eine Art kostenloser Therapie. Und sie bat ihn, ihr zu helfen, den Bruder in dem Jesuiteninternat unterzubringen, wo er zur Schule gegangen war, sogar mit reichen Leuten, die aber wenig bereit waren zu zahlen, wo war das? Er sagte zu, natürlich Kleines, alles cool. Bis zum 12. Schuljahr war ihm ein Platz garantiert. Und nun hätten sie auch die Schulferien zu garantieren, denn sie würde ihn nicht abholen, das könne sie nicht.

Maria do Carmo, du musst dein Leben selbst in die Hand nehmen. Du musst lernen, vernünftig zu werden. Sagte sie zu ihrer Schwester. Zusammen hoben sie das bisschen ab, was auf der Bank *Caixa Geral de Depósitos* auf der hohen Kante lag: Es roch nach Zwiebeln und nach mit Benzin übergossenen Kindern, und da wurde noch immer behauptet, dass Geld nicht stinkt. Rosa warf die Möbel aus dem Haus, es blieb nicht einmal mehr ein Teller übrig, sogar das Gebäck vom Festmarkt, ein Paar mit einem Täubchen und die Figur Unserer Lieben Frau von Fátima, die je nach Wetter draußen ihre Farbe änderte, warf sie hinaus. Fünf Leben und ein Tod mitten auf der Straße: Kleidung, Matratzen, Schüsseln, Puppen. Der Rosenkranz aus Kork. Nichts mehr. Denn jetzt riecht das Geld nach Farbe und Ikea. Hatte sie sich nicht

Stunde um Stunde in Marianas Leben herumgetrieben? Sie würde das Haus wochenweise vermieten. *Casa Água da Flor. Very typical. Modern comfort.* Maximal vier Personen. 100 Euro die Nacht inklusive Reinigung und Wäschewechsel. Und ich? Du gehst ins Haus unserer Patentante, und mit dem, was wir an Miete einnehmen, zahlst du ihr das Zimmer, und sieh zu, dass du kein Jahr in der Schule verlierst, sonst sorge ich dafür, dass du arbeiten gehst. Das reicht für meine Studiengebühren. Und mit dem, was ich zusätzlich in Part-Time verdiene, miete ich mir ein Zimmer oder ziehe mit einem Freund zusammen, der alleine wohnt und die Kosten nicht teilen möchte. Du hast keinen Freund. Man muss sich doch bloß einen aussuchen, der etwas taugt. Wenn du an der Reihe bist, reicht es, um deine Studiengebühren zu bezahlen. Aber wenn du schwanger wirst, schlage ich dich grün und blau, und ich werde dich zwingen, eine Abtreibung machen zu lassen. Ist das klar? Aber ich habe noch nie mit jemandem geschlafen. Du wirst aber mit jemandem schlafen. Und es wäre gut, wenn du deine Augen offen hältst, während du deine Beine breit machst, damit du dich nicht schwängern lässt, Jungfrau Maria.

Maria do Carmo schloss die Oberstufe der Schule in São Pedro ab und kam erst wieder nach Lissabon zurück, um an der juristischen Fakultät zu studieren, und war dort von Anfang an eine erstklassige Studentin. Sie war nicht so hübsch wie ihre Schwester, hatte eher eine gedrungene Figur mit großen Schultern, kaum Brust und schmale Hüften, und so blieb ihr nur übrig, schlank zu bleiben und gute Noten zu schreiben. Die Angst vor Arbeitslosigkeit und Einsamkeit wurde übertroffen von der noch größeren Angst vor dem Leben, das Rosa ihr prophezeit hatte, falls sie versagen sollte: Für Rosa bedeutete Arbeitslosigkeit Elend und Einsamkeit, verlassen zu sein. Du warst es doch, die Jura gewählt hat, oder etwa nicht? Ich habe es dir recht gemacht. Jetzt machst du, was ich dir sage, und Schluss damit. Absolventen in

Jura gibt es jedes Jahr zuhauf. Du wirst deinen Doktor machen und danach dort lehren. Wehe dir, wenn sie dich nach dem zweiten Semester noch nicht wegen deiner Noten kennen. Tatsächlich wurde sie sogar schon im Fernsehen bekannt. Immer wenn ein Experte in Arbeitsrecht benötigt wurde, war die Kommentatorin vom Dienst Frau Professor Doktor Maria do Carmo Antunes. Auserlesen, beherrscht, ruhig, eine Dame, man sah, dass sie aus gutem Hause kam. Sicher. Und dessen sich sicher, dass jedes Gutachten einen Geldzuwachs auf ihrem Konto bedeutete.

Gutachten für die Regierung. Für die Opposition. Für die Gewerkschaften. Gutachten für alles und jedes und das, obwohl sie kaum dreißig Jahre alt war. Sie war in die Universität eingetreten, gewiss – sie würde sie jedoch nie mehr verlassen. Sie fühlte sich gut. Beschützt. Voller Vertrauen in ihre Tüchtigkeit. Eine furchterregende Königin des Ameisenhaufens.

Der Kleine hatte Glück gehabt. Es war eines dieser Dinge gewesen. Vom Jesuiteninternat zum Priesterseminar aus freien Stücken. Er würde arm und glücklich während der Säuberung der *Favelas* von São Paulo sterben, dabei noch lauter die Stimme der Befreiungstheologie erhebend. Sie verehrten ihn wie einen Christus, jenen fast noch kleinen Jungen mit den vom Gott der Armen entflammten Augen. Das Feuer war das Verhängnis der Männer jener Familie. Man konnte nichts machen, er hatte das Schicksal seines Vaters zu ertragen: vom normalen Stadtteil in die *Favela*, sich opfernd.

Es war heiß. Einer dieser Sommertage, den man am liebsten am Meer verbringen möchte. Mariana bog gerade von der Rua Dom Pedro V in die Rua da Rosa ein, als sie sie erblickte. Rosa. Rosa. Rosa. Keine Antwort. Aber sie ist es doch. Rosa. Hey Rosa. Nichts. Mariana trug eine Jeanshose und flache Sandalen, also legte sie einen Sprint hin und holte Rosa ein. Sie klopfte ihr auf die Schulter. Ihr blonder Kopf wandte sich um und ihr helles Ge-

STECK DIR DEIN SCHEISS ROSA SONST WOHIN

sicht mit ihren noch helleren himmelblauen Augen erstrahlte. Das gleiche Lächeln. Hey Rosa, ich rufe dich schon von dort hinten. Hast du mich nicht gehört? Mariana, bist du das? Klar bin ich's. Wie schön, dich zu sehen. Ich habe etwas gehört, aber ich habe die Stimme nicht erkannt und außerdem nennt mich schon seit Jahren keiner mehr Rosa, ich erinnere mich nicht einmal mehr daran, dass ich noch einen anderen Namen habe als Maria. Mein Gott, siehst du toll aus. Tatsächlich kam Rosa eben aus einem Laden in der Rua Dom Pedro V, in Lissabon, als könne sie ebenso selbsverständlich aus einem Laden auf dem *Rodeo Drive* in Los Angeles oder der *Rue de Faubourg Saint-Honoré*, in Paris, heraustreten. Schlicht, schick, sündhaft teure schicke Schlichtheit von den Schuhen bis zur eleganten, doch diskreten Armbanduhr.
Was machst du in dieser Gegend, Mariana?, wie lange ist das jetzt her? Ich möchte ein vegetarisches Restaurant und ein Yoga-Studio eröffnen. Da, wo früher unser Haus war. Ich war in Indien, habe dort mit keinem anderen als dem Sohn von Krishna Pattabhi Jois praktiziert, kannst du das glauben? Du kannst dir nicht vorstellen, was ich dir alles zu erzählen habe. Komm mit, ich zeige dir, was bisher schon fertig ist am Haus. Was ist mit dir, Rosa? Erzähl mir alles, du Schlampe, ich bin ja so glücklich, dich zu sehen. Maria, ich bin es eher gewöhnt, dass man mich Maria nennt, Süßes. Weißt du, ich bin jetzt mit einem Sousa Coutinho verheiratet. Einem Sousa Coutinho? Seit wann sprichst du denn von jemandem mit seinem Familiennamen? Bist du jetzt dem Edelmann aus dem Arsch gefallen? Nein, Süßes, die Dinge sind aber nun mal so, wie sie sind. Mein Mann hat nunmal den Titel des Grafen von Soure geerbt, weil er durch Hochzeit dem Grafen von Redondo, seinem Ururgroßvater, zuteil wurde. Ich habe größten Respekt vor der Familie, der ich jetzt auch angehöre, und vor meinen Kindern – ich habe Zwillinge, drei Jahre alt, ent-

zückende Engelchen. Aber das hat nichts mit erwünschten Titeln zu tun, Mariana, um Gottes willen, wir haben ja keine Monarchie. Das sind fantastische Leute, die diesem Land so viel gegeben haben. Lass den Scheiß sein, Rosa! Scheiß drauf, du sprichst doch mit mir. So eine Verrückte aber auch... wie alt sind wir denn Mariana?, fragte Rosa sie mit einem langen Lächeln – fast einem Lachen: Hat das Yoga dir etwa nicht geholfen, deine Ausdrucksweise zu zügeln, Fräulein. Nun gut, Süßes, gib mir ein Küsschen, wer weiß, vielleicht sehen wir uns hier erst wieder nach weiteren zwanzig Jahren. Leck mich am Arsch, Rosa, du kannst doch jetzt nicht einfach so weggehen und mich stehenlassen, das ist ja unglaublich, das bist doch nicht du. Ich sagte es dir schon, Mariana, nenn' mich Maria, und steck dir dein scheiß Rosa sonst wohin.

Aus dem Portugiesischen von Kristina Meissner unter Mitwirkung der Herausgeberinnen.

Eugénia de Vasconcellos, 1967 in Faro geboren, ist eine portugiesische Schriftstellerin und Dichterin, deren Schreiben u.a. Sexualität und Doppelmoral thematisiert. Neben Portugiesischer Sprach-, Literatur- und Kulturwissenschaft studierte sie Klinische Psychologie an der Universität Lissabon. 2005 veröffentlichte sie ihren ersten Gedichtband *A casa da compaixão*, dem seit 2011 weitere folgten. Ihr jüngstes lyrisches Werk *O quotidiano a secar em verso* erschien 2016. Daneben veröffentlichte sie Erzählungen und Essays, u.a. den Essay *Camas Politicamente Incorrectas da Sexualidade Contemporânea* (2013). Sie schreibt regelmäßig im Blog www.escreveretriste.com.

Kristina Meissner wurde 1990 in Leninsk-Kusnetzkij, Russland geboren. Im Alter von fünf Jahren zog sie mit ihrer Familie nach Deutschland. Nach ihrem Abitur im Jahr 2010 verbrachte sie ein Jahr in den USA und nahm nach ihrer Rückkehr nach Deutschland zunächst das Studium der Rechtswissenschaften an der Goethe-Universität in Frankfurt am Main auf, wechselte jedoch 2012 an die Universität Mannheim und 2013 an den Fachbereich für Translations-, Sprach- und Kulturwissenschaft der Johannes Gutenberg-Universität Mainz in Germersheim. Hier studiert sie die Fächer Englisch und Portugiesisch und wird im Wintersemester 2017/18 ihr Studium mit dem Bachelor abschließen.

wassergrün

Lídia Jorge

DIE ZEIT DES GLANZES UND DER PRACHT

•

Höret die Stille des Hauses am frühen Morgen. Der Flur ist noch dunkel und die Tür am Ende bleibt geschlossen, doch sie haben schon gelacht, gesprochen und sind dann wieder verstummt. Das Zimmer aber ist noch immer abgesperrt.

Jetzt läuft das Fräulein für draußen, das eben aus dem Garten hereingekommen ist, durch die Küche und nimmt den Beutel, in den sie das Brot legen wird, das sie am Ort abholt. Schon war sie verschwunden. Unterdessen setzte das Fräulein für drinnen Wasser zum Kochen auf. Sie stellte die Krüge vor die Badezimmertür. Sie waren aus Metall. Nun, jawohl, öffnet sich die Tür am Ende, meine Mutter geht hinaus, meine Mutter kommt herein, und erst danach kommt mein Vater an die Reihe. Ich bleibe liegen. Als das Fräulein für drinnen mich abholen kommt, habe ich die Augen geschlossen, die Lider fest zugepresst, aber sie weiß nur zu gut, dass ich nicht schlafe. Dann sitze ich, in ein Tuch gehüllt, auf dem Schoß des Fräuleins und leiste meinem Vater beim Frühstück Gesellschaft. Es war die Zeit der großen Häuser für drei Personen, die Zeit der Fräulein, die Zeit ohne fließendes Wasser, die Zeit, in der eine Glühbirne von der Zimmerdecke baumelte, die Zeit, in der es Gärten mit Teichen und roten Fischen gab, die Zeit der Lateinlehrer, wie mein Vater einer war.

Bemerket auch die Schönheit des Hauses. Meine Mutter ist hübsch. Sie hat langes Haar, das ihr bis zur Taille reicht. Ihre Taille ist so schmal, dass viele nicht glauben mögen, dass sie Kinder hatte, genauer gesagt, dass sie eine Tochter zur Welt gebracht hatte. Wenn sie aus dem Haus geht, trägt sie einen Hut mit Krempe, die ihre Stirn bedeckt, und lächelt jedem zu, der vorbeigeht, mit einem Blick durch den Schleier, der die Krempe schmückt. Ich aber liebe meinen Vater. Mit seinem makellosen Hals, seinem grauen Hut, den breiten Schultern und den dunklen, riesigen, weiten Anzügen. Ornate. Die Anzüge meines Vaters sind Ornate, und jeden Nachmittag sehe ich zu, wie sie gesäubert und zusammengelegt werden. Das Fräulein für drinnen bügelt sie. Sie bügelt auch die Socken und Taschentücher. Große, weiße Taschentücher, weil Vater eine Rhinitis hat. Das Fräulein für drinnen bügelt die Taschentücher mit einer geradezu rituellen ehrwürdigen Sorgfalt. Sind die Anzüge einmal fertig gebügelt, werden sie ordentlich auf einen Kleiderbügel oder die Schneiderpuppe gehängt. Die Taschentücher werden gefaltet übereinandergelegt. Um sie zu bügeln, benutzt das Fräulein ein großes, schweres Bügeleisen mit einem Rauchabzug, ähnlich denen, die bei einem Ofen zum Brennen von Ton benutzt werden. Im Inneren rote Glut, die man durch Pusten am Brennen halten muss, und wenn man diesen Albtraum aus glühendem Metall kurz auf dem weißen Tuch absetzt, das die Anzüge schützt, erzeugen der Wasserdampf und das Zischen des heißen Wassers einen dichten, siedend heißen Nebel in der Waschküche, doch ich habe keine Angst davor. Ich schaue gerne dabei zu. Es ist, als würde eine Dampflok Vaters Kleidung bügeln, aber das Fräulein für draußen kommt zu mir gerannt, um mich von dem Eisen fernzuhalten. In diesem Haus hat jeder panische Angst davor, dass ich mich in Gefahr begeben könnte, dass ich mich verbrennen könnte. Vorsicht vor dem Bügeleisen, Vorsicht vor den Geräuschen, die die Stille des Hauses durchbrechen.

Höret nun die Stille des Hauses am Nachmittag, wenn Vater zurückkehrt und in seiner Aktentasche die Übungen zu *rosa pulchra est, rosae pulchrae sunt* mitbringt.

Mutter war mit dem Fräulein für draußen in die Stadt gegangen, ich blieb mit dem Fräulein für drinnen zuhause und muss auf meinem Dreirad durch den Garten sausen, um meinen Vater nicht zu stören. Dort stehen die zwei Buchen, die Pappeln, ein Judasbaum und darunter lange Rosensträucher und ein paar in Form von Vögeln gestutzte Buchsbäume. Alles dies ist um das volle Wasserbecken herum angeordnet, in dem Seerosen schwimmen. Und unter den Seerosen schwimmt ein Schwarm roter Fische. Mit dem Dreirad fahre ich Rennen um das Becken herum, das wir Teich nennen. In der Mitte des Teiches ist eine Meerjungfrau aus Stein mit einer Muschel, aus der ununterbrochen Wasser strömt. Das Wasser fließt völlig geräuschlos über das Haar der Meerjungfrau. Dafür mache ich allen möglichen Lärm, ich schreie „Juuuiiim!", und die Bäume hören mich vorbeirauschen. Das Fräulein für drinnen macht: „Pscht!" Wir befinden uns in der Nähe des Fensters, hinter dem mein Vater Seiten um Seiten liest. Er murmelt Sätze, die keinen Sinn ergeben: „*Sub tegmine fagi silvestrem tenui musam...*", und andere ähnliche Rätsel. Diese Mysterien sind Gegenstand seiner ununterbrochenen Studien. Man sieht durch das Fenster, dass er gebückt dasitzt, konzentriert, im Anzug, als wäre er im Unterricht, feierlich und würdevoll, in vollem Ornat, mein Vater. Er lächelt mich hin und wieder an, wenn ich mich mit meinem Dreirad nähere und entferne, schnäuzt sich in die weißen Taschentücher, doch er sagt nichts zu mir. *Juuiiiim!*, rufe ich und fahre um die Fische herum, strample auf meinem Gefährt. Es war die Zeit, in der die Leute *Sub tegmine fagi* lernten, die Zeit, in der die Lehrer ihr

Jackett nicht auszogen, die Zeit, in der die Mütter die Väter zum Bus begleiteten und hinter ihnen her die Töchter, die Fräulein für drinnen und die Fräulein für draußen. In diesem Fall hielt jede von ihnen eine Hand der Tochter. Die Tochter lief hinter ihrer Mutter und ihrem Vater, die Arme ausgestreckt, zwischen den beiden Fräulein schaukelnd. Bevor der Vater in den Bus stieg, sagte die Mutter: „Vorsicht mit deiner Rhinitis, Eduardo. Hast du deine Taschentücher dabei?" Ja, er hatte seine Taschentücher dabei. Vater stieg in den Bus ein, er war Lateinlehrer, für mich aber war er ein großer Mann, umgeben von Taschentüchern. Ich liebte meinen Vater.

Höret sodann die Stille in der Waschküche unseres Hauses, in der sich die Taschentücher befanden.

Sie warten noch darauf, gebügelt zu werden, und sie sind groß, riesig und hässlich. Sie sind weiß und glatt wie Bettlaken, seine Taschentücher. Die der Mutter sind das Gegenteil davon. Sie sind klein und haben Ecken aus Spitze, sie haben Blumen und bunte Püppchen, Figürchen in Röcken mit winzigen Armen und Beinen, bei denen ich schon zugesehen habe, wie sie gestickt wurden. Sie sind mit Nadeln gestickt worden, die man danach herauszieht, so dass eine Prägung bleibt, die einem ins Auge springt und die man fühlt, wenn man mit den Fingern darüber streicht. Eine Meisterleistung zarter Finger. Die Taschentücher von Mutter sind voll von diesen Kunstwerken. Das gibt einem zu denken. Sie sind voller Blumen und Spitze, und Mutter hat keine Rhinitis, und Vater, der Rhinitis hat, hat Taschentücher ohne jegliche Stickereien. Taschentücher, so groß wie die Tücher, die die Tische der Fräulein bedecken. Es stimmt schon, dass Mutter diese langen Haare hat, die sie in einen Zopf verwandelt. Einen Zopf, den sie über dem Hals, wo die Krempe ihres Hutes ruht, einrollt, und manchmal löst sich der Zopf. Trotzdem ist Mutter immer wunderschön. Sie hat diese Taschentücher verdient, aber ich liebe meinen Vater und er hat Rhinitis und keine bestickten Taschentücher. Die Ungerechtigkeit tut mir nicht weh, doch ich entdecke sie, befühle sie, klar und greifbar sehe ich sie vor meinen Augen und ich will die Ungerechtigkeit wieder ausgleichen. Ich muss ein Taschentuch meines Vaters in die Hände bekommen. Soll ich mir einfach ein Taschentuch schnappen, ohne Bescheid zu sagen, oder soll ich das Fräulein für drinnen darum bitten? Das Fräulein für drinnen springt auf, als hätte ich ein Verbrechen begangen: „Um Gottes Willen, Fräulein Marina, was für eine verrückte Idee? Ein Taschentuch Ihres Vaters, und was wollen Sie damit?"

Nein, ich darf kein Taschentuch von Vater benutzen. Auch kein quadratisches Tuch, das ähnlich aussieht. In der Zeit ohne fließendes Wasser, der Zeit der Hüte, der Handschuhe und der Fräulein ist ein viereckiges Stück Tuch eine kostbare Sache. „Hier, nehmen Sie das und damit ist gut", und sie gab mir ein kleines Stück weißen Stoffs in die Hand, ein viereckiges Tuch, kaum größer als die Handfläche des Fräuleins, obendrein ungleichmäßig, ein ungleichseitiges Trapez, das selbst eine Schere – ein Gegenstand, an den ich nicht herankommen kann – nicht gleichmäßig machen könnte. Macht nichts, das tut es auch. Was ich jetzt will, sind Nadel und Faden. Mehr nicht.

Auch weiß das Fräulein für drinnen nicht, wofür ich rotes Garn durch eine Nadel gezogen haben will. Und einen Knoten, denn ich brauche einen Knoten am Ende des Garns. Während das große Bügeleisen über Vaters Hemden glüht und raucht, schiebe ich die Nadel durch das ungleichseitige Trapez, ziehe die Nadel heraus, mache kehrt, hinterlasse einen roten Streifen in der Mitte des Stoffs und schiebe und ziehe erneut. Zwei Nadelstreifen. Ein Stern. Noch ein Stern. Ich ziehe anderes Garn hindurch, diesmal grün. Ein grüner Stern, ein Faden über dem anderen gekreuzt und auf einmal eine Sonne. Die grüne Sonne auf dem Tuch, zwischen den Sternen. Das Fräulein für drinnen ist es leid, ihre Arbeit wegen meinen Wünschen zu unterbrechen. Sie fädelt gelbes Garn durch das Öhr, immer mit einem Knoten am Ende, genau nach meinen Anweisungen, und schon seht ihr, wie eine Gartenblume in der Mitte des ungleichförmigen Tuches entsteht. Dann ein Fisch und kurz danach zwei Fische. Ich kreuze Faden über Faden. Plötzlich taucht in der Mitte des Tuches eine Meerjungfrau auf. Was für eine Freude. Mit violettem Garn lassen sich prächtige Fische sticken, und es bleibt noch etwas für den Schwanz der Meerjungfrau übrig. Und mit orangenem Garn entwerfe ich das Futter für die Fische. Schön, nicht wahr? Das Fräulein für drinnen findet es lästig, immer neues Garn einzufädeln, doch sie weiß nicht, dass das bestickte Taschentuch für meinen Vater ist. Ich schwöre, dass ich für Gerechtigkeit sorgen werde, und sie wird kommen durch meine Hand. Eduardo Pestana, mein Vater mit Rhinitis, wird dieses schöne, von seiner Tochter bestickte Taschentuch benutzen. Die Arbeit ist fertig. Dann, am nächsten Tag, überreiche ich das Tuch, auf dem dutzende gekreuzte Fäden sind, und bitte das Fräulein für drinnen, mein Taschentuch zu bügeln.

Mit dem Geschick eines Schmiedes hebt sie dieses glühende Instrument an, das seinen Wasserdampf versprüht. Sie legt ein weißes Tuch zwischen die Unterseite des Eisens und mein Kunstwerk und bügelt energisch die hervorstehenden gekreuzten Fäden. Nochmal und dann noch einmal. Das war's schon. Sie überreicht mir das auseinandergestrichene Objekt, das sie an einer Ecke festhält. Ich nehme es. Ich halte die Kostbarkeit zwischen meinen Fingern. Ich werde sie schleunigst verwahren. Ich weiß auch schon wo. Es gibt eine Schublade in der Kommode in meinem Zimmer, die ich öffnen und schließen kann. Ich ziehe sie auf und verwahre das bestickte Taschentuch, das ich meinem Vater schenken werde, unter der Kleidung. Sonne, Sterne, Mond,

Blumen, Seerosen, Wasserbecken, rote Fische, Futter für die Fische, die hier blau sind, und die Meerjungfrau aus Stein ist schwarz, schließlich gibt es auch schwarze Fäden, ein reißfestes Garnknäuel, all das bleibt hier verwahrt, bis der Moment gekommen ist. Wird das morgen sein? Übermorgen? Ich muss vorsichtig sein, denn ab übermorgen hat die Zukunft schon keine Bedeutung. Ich weiß nicht, was dieses „wenn du mal groß bist" sein soll. Ich weiß nur, dass ich die Schublade der Kommode schließe und die Tür des Zimmers und dass mein Geschenk da ist. Jetzt bin ich am Zug. Ich heiße Marina Pestana, bin schon fünf Jahre alt und werde meinem Vater ein besticktes Taschentuch schenken.

Dann ging die Zeit vorüber, und der richtige Moment sollte nie wieder kommen.

Vater ging morgens mit den glatten Taschentüchern aus dem Haus, nachmittags kehrte er mit Taschen voller zerknüllter Tücher zurück, gab sie in der Waschküche ab, wo sie sogleich gewaschen, aufgehängt und gebügelt wurden, und von neuem kamen sie in seine Tasche und immer so weiter, *per nunc et semper, per secula seculorum*, amen. Ohne Änderung und ohne Unterbrechung. Ohne auf den gestrigen Tag zurückzuschauen oder für den kommenden Tag zu planen. Und dann, eines Morgens, passierte etwas Unerwartetes. Es war halb neun, die Uhr im Wohnzimmer hatte laut geschlagen. Als wir uns im Schwarm der Bushaltestelle näherten, betastete Vater wie gewohnt seine Hosentaschen, er griff in die eine, dann in die andere Tasche, doch er fand die Taschentücher nicht. „Meine Taschentücher? Ich habe sie nicht dabei!" Mutter, mit dem ganz langen Zopf, sehr elegant, sehr schön, schrie das Fräulein für drinnen an: „Hast du die Taschentücher nicht zum Anzug des Herrn Doktor gelegt? Geh sie sofort holen!" Das Fräulein rannte in Richtung des Hauses. Ich ließ die Hand des Fräuleins für draußen los und schaffte es, schneller als das Fräulein für drinnen zu rennen. Außerdem wusste sie nicht, was ich mit den Taschentüchern gemacht hatte. Ich aber wusste, wo meines lag, tagelang, vielleicht wochenlang in der Kommode des Zimmers aufbewahrt. Ich öffnete die Schublade, nahm das bestickte Taschentuch heraus und rannte zu meinem Vater, fast wie im Flug. Ich hatte es geschafft. Keuchend blieb ich neben ihm stehen, streckte ihm das Taschentuch entgegen und murmelte einige Sätze, doch mein Arm reichte nur bis zu der Tasche seines weiten Jacketts, und so sehr ich auch aufsah, mein Vater hatte den Blick auf die Kurve gerichtet, aus der der Bus eintreffen würde, während das Fräulein für drinnen ihm drei Taschentücher überreichte. Dann rannte mein Vater zur Haltestelle, wir blieben stehen, um ihn abfahren zu sehen, und so endete alles. Ich hielt das bestickte Taschentuch in meinen Händen und niemand sah es. Wie war das möglich?

Mein Taschentuch hatte Sterne, eine Sonne, einen Mond, Fische und Blumen und niemand sah es. Mein Vater hatte nicht einmal auf mein Murmeln gehört. Hätte ich wenigstens *Juuuiiiim* gemacht, doch nein, ich hatte zu leise, viel zu leise gesprochen, und ich war zu klein und er war zu groß, und so hatte Doktor Eduardo Pestana, Lateinlehrer, anstatt mein Taschentuch entgegenzunehmen und es in seiner Tasche zu verstauen, nur die Hand auf den Kopf der Tochter gelegt, da er gleich abfahren würde. Was sollte ich nun mit dem Taschentuch machen? Es war die Zeit der langen Abende mit Büchern, die Zeit der Fräulein ohne feste Arbeitszeit, die Zeit des Wassers in Blechkannen und Tonkrügen, eine sehr ferne Zeit, in der ein paar elektrische Glühbirnen an den Wänden baumelten und der Rest mit Öllampen beleuchtet wurde. Die Zeit der Dampfbügeleisen, die Zeit der großen Hüte. Die Zeit, in der das Fräulein für drinnen weinte, weil sie die Taschentücher nicht, wie sie es sollte, neben den Anzug des Herrn Doktor gelegt hatte, und mit dem Fräulein für draußen zurückblieb und jammerte, während wir durch den Garten heimliefen. Was soll man da noch sagen? In dieser Zeit hätte alles so geschehen sein können. Ich würde in das Zimmer zurückkehren, zu der Kommode, würde das Taschentuch wieder in die Schublade legen, und die Zeit würde verstreichen, bis das Taschentuch seine Bedeutung verloren hätte, bis es beim Anschaffen neuer Möbel und den aufeinander folgenden Wohnungen verschwunden wäre. *Finis finium.* Und eines Tages, sehr viel später, an einem Abend, wenn ich eine erwachsene Frau wäre und Vater ein Mann, der auf das Ende seines Lebens zuginge, würde ich erzählen, was es damals mit einem Taschentuch von der Größe einer Hand und von Fäden bedeckt auf sich hatte. Und beide würden wir lachen über die weit zurückliegende Zeit.

Doch es war nicht, was geschah. Überhaupt nicht. Ganz im Gegenteil.

An diesem Morgen ging Mutter auf ihr Zimmer zurück, die Fräulein blieben draußen im Garten, um über ihre Versäumnisse, Strafen und Wiedergutmachungen zu sprechen, und ich konnte zu den Bäumen rennen, die ich liebte, zu den Rosensträuchern, die sich gierig dem Licht zuwandten, zu den Seerosen und vor allem zu den Fischen. Von allen diesen Wesen liebte ich die Fische am meisten. Höret denn die Stille der Fische, höret, wie sie mir lauschen, wie sie bei der kleinsten Bewegung meines Hutes an den Rand des Beckens kommen. Jetzt nähere ich mich ihnen. Das Wasser im Becken reicht fast bis an den oberen Rand und die Fische sind unterhalb jener Blätter geschützt, die ihnen als Sonnenschirm und Regenschirm dienen, und sie, die Fische des Teiches, schwimmen hin und her, lauschen mir und lieben mich, ich habe etwas für sie. Ich beuge mich zu ihnen hinab, ihren glatten Körpern entgegen, ihren roten Silhouetten, wie sie lautlos durchs grüne Wasser gleiten. Ich beuge mich zu ihnen hinab, rutsche aus, strecke meine Arme nach ihnen aus, ertrinke, es fällt mir sehr schwer, aber es ist ganz leicht, ihre Stille, meine Stille, ich sehe noch, wie sie näher kommen, auch wenn ich es nicht schaffe, meine Faust im Wasser zu öffnen, um das Taschentuch loszulassen. Im Gegenteil, je mehr ich das Taschentuch denen, für die es bestimmt ist, übergeben will, desto mehr halte ich es fest und alles wird dunkel. Wassergrün, moosgrün, dunkelgrün, schilfgrün. Eine lange Zeit in dem Reich des moosgrünen Wassers. Lange, lange Zeit, eine Ewigkeit, und alles ist ganz leicht. Es ist eine Wohltat, in dem moosgrünen Reich zu schlafen, ich selbst bin aus Wasser und aus Grün. Bis ich spüre, wie mein Körper aus Wasser auf Knien liegt, wie die Stille durchbrochen wird, wie laute Schreie den Garten durchqueren und das Fräulein für draußen, Tochter eines Fischers, ihren Mund auf meinen Mund presst und ich wieder atme und dabei weder Schmerzen habe noch argwöhne, dass es Schmerz überhaupt gibt, mich aber gibt es. Überrascht, außerhalb des Wassers, da sind die Schreie der Mutter, die Schreie der Fräulein, werde ich ins Haus getragen, und es gibt mich. Wie lange wird Marina in dem moosgrünen Wasser gewesen sein? Dann kam der Arzt, kam der Mittag, kam die Zeit fürs Mittagessen, kam der Nachmittag, kam der Vater und sein Entsetzen, auch der Vater schrie, weil er nicht sofort gerufen wurde, er war wütend auf die Mutter, auf die Fräulein, auf das Licht von draußen, den Arzt, das Zimmer, und dann kam Vater näher, setzte seinen Hut ab, ich lag im Bett meiner Eltern, in dem Zimmer ganz hinten, in das ich nur selten hinein durfte, aus dem am frühen Morgen jedoch das Lachen kam, und plötzlich war ich da mittendrin, verblüfft, ungläubig, schuldig, kleinlaut, ich, der Mittelpunkt eines unentwirrbaren Knäuels. Und auf einem Handtuch ausgebreitet, lag mein trapezförmiges, von Fäden übersätes Stofftüchlein.

„Was ist das?", fragte mein Vater und sah das mit Fäden übersäte Stück Stoff an, als sei es Hexenwerk. Er hielt es in die Höhe. „Das hatte sie in der Hand, und warum?"

Das Fräulein für draußen kreuzte die Hände vor der Brust und schwor, dass sie von nichts wusste, nie hatte sie etwas Ähnliches gesehen, sie verstand nicht, weshalb die Tochter des Herrn Doktor im Teich gefunden worden war, mit einem ähnlichen Tuch in der Hand. Sie schwor noch einmal, nichts davon zu wissen.

„Ich kann Ihnen sagen, worum es sich handelt, Doktor Pestana", sagte das Fräulein für drinnen.

Mein Vater wartete, das Tuch zwischen den Fingern, auf eine Antwort.

„Es ist ein Taschentuch zum Schnäuzen, das das Fräulein für Sie bestickt hat, Herr Doktor."

„Für mich bestickt hat? Aber warum?"

Mein Vater legte das Taschentuch wieder auf das Handtuch und starrte es an. Mutter, die Fräulein, die Tränen der schuldbeladenen Fräulein, alle blickten auf das verhexte Teil. Nun begutachtete Vater es wie ein wissenschaftliches Objekt. Ein humanwissenschaftliches Objekt, zu dem er, ein Experte in der Materie, der Horaz und Vergil las, als wären sie sein Katechismus, und Comenius' *Didactica Magna*, als seien sie eine Agenda, nur schwer Zugang fand. Bis Vater seine Fliege abband, sein Jackett auszog, mich in seinen Arm nahm und mich an sich drückte und zwischen uns nur noch der Stoff eines Hemdes war. Die Fräulein verschwanden, Mutter verschwand, ich blieb mit Vater allein, an seine Schulter gelehnt, das verhexte Teil auf dem Boden vor dem Bett. Es war der Augenblick des Glanzes. Sterne, Fische, Blumen, Sonne, Mond, die Algen des Wasserbeckens. Höret die Stille des Beckens. Höret die Stille des Hauses. Schließet eure Augen vor dem Glanz, denn jetzt ist jene Zeit vorbei.

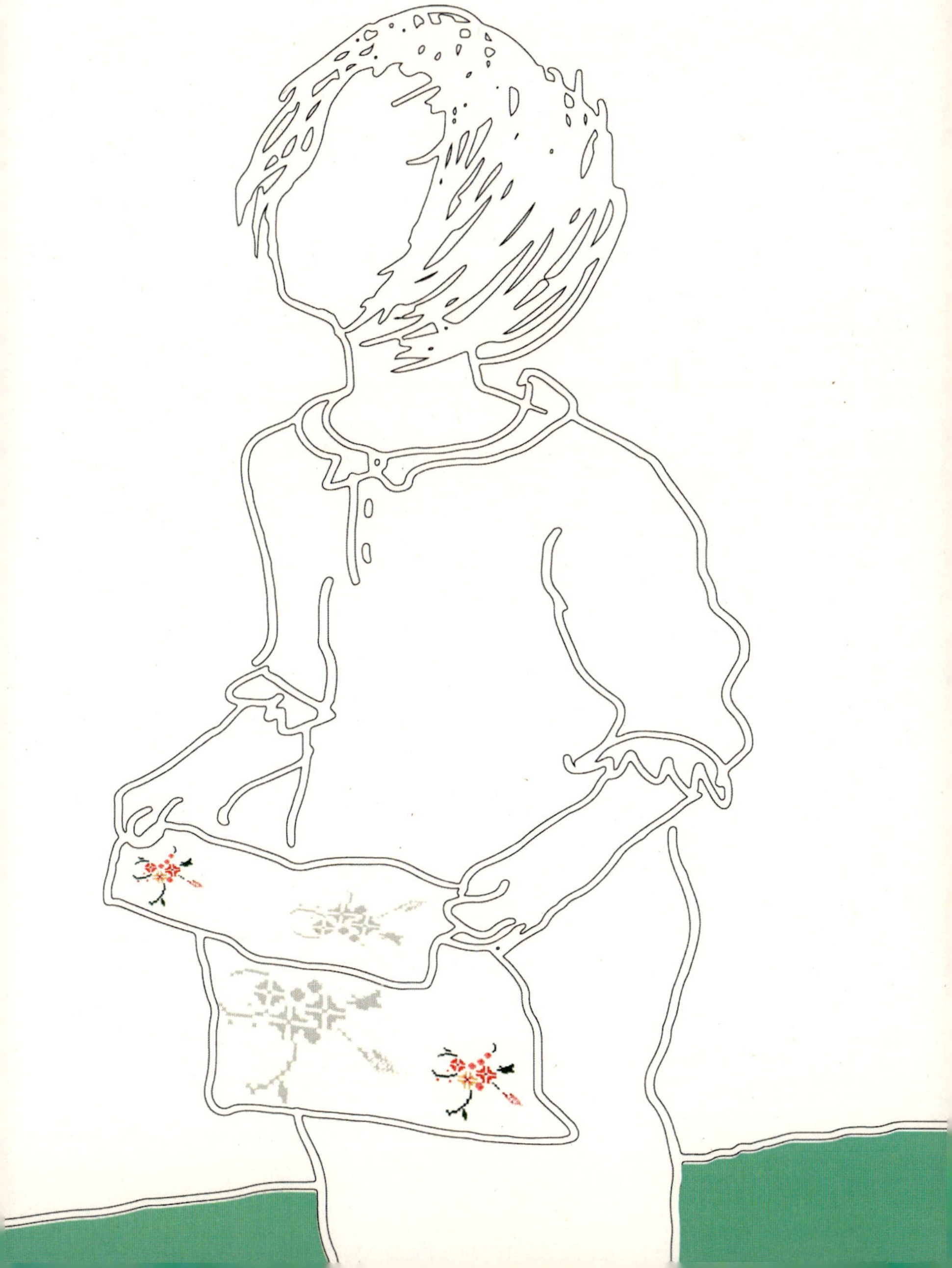

Ja, mittlerweile sind viele Jahrzehnte vergangen.

Es gibt keine riesigen Häuser mehr für drei Personen, in den Häusern gibt es nun fließendes Wasser, die Gärten sind nicht mehr privat, es gibt keine Fräulein mehr, es gibt keine glühenden Dampfbügeleisen mehr, es gibt keine Lateinlehrer mehr. Die großen Herrenhäuser in der Stadt wurden umgewandelt in ernste Gebäude für den öffentlichen Nutzen. An einigen von ihnen kann man nachts über den Türen auf blau beleuchteten Schildern das Wort RUHE lesen. Ruhe in diesem Bereich bitte. Höret, höret die Stille dieses anderen Hauses. Höret die Stille dieses Herrenhauses, gerade eben von dem leisen Geräusch eines fahrbaren Möbels unterbrochen. Das Mädchen in Weiß tritt ein und schiebt den Wagen mit Beruhigungsmitteln vor sich her. Flüssigkeiten, Scheren, Nadeln, Glas. Höret, wie sie sich an dem Glas zu schaffen macht. Höret die Stille des Mädchens. Sie bricht die Stille und fragt: „Nun, ist der große Tag endlich gekommen? Wie fühlen Sie sich? Haben Sie Angst, Frau Doktor Marina? Sagen Sie schon". Lauschet jedem Wort des Mädchens in Weiß. „Sie werden die Erste sein, dort warten schon alle auf Sie. Gehen wir. Haben Sie keine Angst."

Angst, ich? Wovor denn?

Auf den Gitterstäben des weißen Bettes steht mein Name geschrieben. Ich bin immer noch dieselbe, ich bin immer noch Marina Pestana. Höret nur die Stille des Flures, durch den ich geschoben werde. Der strahlende Glanz wird mich einholen, mitten im Flur, und mich mit sich nehmen. Ich werde die Erste am Morgen sein, und was auch immer geschieht, umhüllt von diesem Schimmer, der mich weit weg trägt, habe ich keine Angst. Auf meiner Brust Sterne, die Sonne, der Mond, Blumen, das Wasser im Becken, die roten Fische und mein stummer Mund, allwissend.

Aus dem Portugiesischen von Oluyemi Djoumessi Akinjobi unter Mitwirkung der Herausgeberinnen.

Lídia Jorge wurde 1946 in Boliqueime an der Algarve geboren. An der Universität in Lissabon studierte sie Romanistik. Ihr Schreiben wurde sehr von ihrer Kindheit an der Algarve und später in Lissabon sowie von ihrer Kolonialkriegserfahrung in Angola und Mosambik geprägt. Mit ihrem ersten Mann, einem Offizier der portugiesischen Luftwaffe, lebte sie 1969-1970 in Angola, danach von 1972-1974 in Mosambik, wo sie als Lehrerin arbeitete. Nach ihrer Rückkehr unterrichtete sie zunächst als Gymnasiallehrerin in Lissabon, bevor sie als Professorin an der Universität Lissabon lehrte. Mit zahlreichen Literaturpreisen ausgezeichnet, gilt Lídia Jorge als eine der international anerkanntesten portugiesischen Autorinnen. Zu ihren bekanntesten Romanen zählen *O Dia dos Prodígios* (1979) und *A Costa dos Murmúrios* (1988), beide ins Deutsche übersetzt, sowie *A Noite das Mulheres Cantoras* (2011) und *Os Memoráveis* (2014).

Oluyemi Djoumessi Akinjobi wurde 1994 in Darmstadt geboren. Mit Wurzeln in Nigeria, Deutschland und Kamerun interessierte sie sich schon früh für andere Kulturen und deren Sprachen. Nach ihrem Abitur im Jahr 2013 nahm sie das Bachelorstudium Sprache, Kultur und Translation am FTSK Germersheim der Johannes Gutenberg-Universität Mainz mit der Sprachkombination Englisch und Portugiesisch auf. Innerhalb des Studiums absolvierte sie ein Auslandssemester an der Universidade de Aveiro in Portugal. Ihre Freizeit verbringt sie gerne mit Reisen, Musizieren und kreativem Schreiben.

dunkelgrün

Maria Isabel Barreno

GRÜN, FARBE DER HOFFNUNG

•

Arlindo erinnerte sich an sein Leben, als würde es aus wiederkehrenden Abschnitten bestehen, großen nebeneinanderliegenden und aneinandergereihten Blöcken, in deren Inneren sich die Erinnerungen vermischten und undeutliche Bilder formten.

Von der Kindheit war ihm kaum mehr als die Erinnerung an die Schulzeit geblieben. Die anderen machten sich lauthals über seinen Namen lustig: Ar-lindo, du schönes Lüftchen, riefen sie. Ärgere dich nicht, pflegte der Vater zu sagen, wäre es nicht dein Name, so würden sie dich wegen etwas anderem hänseln. Ja, vielleicht machten sie sich auch deshalb über ihn lustig, weil er dicklich und schüchtern war und sich ungeschickt beim Fußball anstellte, doch der Name war wichtig, war ein unübersehbarer Makel; dies war der Ursprung seines innerlichen Unbehagens, das spürte er.

Wir alle müssen nervtötende Leute ertragen, das lernen wir schon als Kinder, und daran ändert sich auch später nichts, so ist halt das Leben, fuhr der Vater fort, denn er liebte es, diese und andere Lebensweisheiten von sich zu geben, Dinge, die allen Menschen gleichermaßen passierten. Aber Arlindo glaubte nicht daran, er wusste, dass es nicht so sein konnte, er fühlte sich anders und unwohl in seiner Haut, und die Ansprachen des Vaters führten nur dazu, dass er sich noch einsamer, noch unverstandener fühlte. Nein, es passiert nicht allen, nie werde ich einer von ihnen sein, einer von denen, die sich wohlfühlen und sich über die anderen lustig machen, dachte er, und das war das Gefühl, das ihn seit dieser Zeit begleitete.

Die Mutter sagte auch vielerlei Dinge: iss, zieh dich warm an, hol dir keinen Schnupfen, sei vorsichtig, schreib gute Noten. Sie war bemüht, alles zu kontrollieren, was er tat oder ihm zustieß, indem sie unsichtbare, doch überall lauernde Gefahren von ihm fernhielt.

Sie wiederholten sich oft, Vater und Mutter, so wie alle Leute, sie umgaben ihn mit einer Mauer aus Wörtern. Sie sagten immer das Gleiche. Nie sagten sie etwas ein einziges Mal. Arlindo konnte sich an keinen denkwürdigen Tag erinnern, an dem der Vater oder die Mutter etwas Einmaliges gesagt hätten. Jene Mauer aus toten Wörtern beschützte ihn jedoch nicht vor dem Unbehagen in seinem Inneren.

Diese Grausamkeiten der Kindheit gingen vorüber – wie alles im Leben, würde er hinzufügen –, es kam die Pubertät mit ihren Pickeln, der aussichtslosen Widerspenstigkeit, dem Grinsen und dem lauten Gelächter, der tiefen Trauer, den kurzlebigen Freuden und noch mehr Selbstzweifeln.

Da kam es ihm vor, die Antwort liege in der Liebe. Oder gar nichts kam ihm vor, sondern es stellten sich einfach nur Verlangen und Schwärmereien bei ihm ein. Er stieß einige Male auf nicht erwiderte Liebe und versank, solange die Gefühle andauerten, in absoluter und nicht enden wollender Verzweiflung. Er schrieb plumpe und von Selbstmitleid erfüllte Gedichte, zerriss sie voller Wut.

Er stieß auf erwiderte Liebe, wodurch er in einem gleichermaßen absoluten Glück versank, das mit der Zeit nachließ und sich in der Langeweile des Einerlei verlor. Eines Tages – er weiß nicht mehr wann oder wo – überkam ihn eine schonungslose Einsicht. Er blickte zur Freundin und dachte: Wir gefallen einander nicht, ertragen aber den Gedanken nicht, alleine zu sein. Er versuchte, diesem unangenehmen Gedanken zu entfliehen, doch der Schaden war bereits angerichtet. Es war unmöglich, die Augen vor dieser unleugbaren Einsicht zu verschließen, und von da an hegte er einen Groll gegen die Exfreundin.

Er wuchs und nahm ab, doch blieben ihm die entmutigenden Worte aus der Jugend im Gedächtnis: wer würde schon ein so schüchternes, unsicheres, ein aus Zweifeln geformtes Wesen lieben können? Zuerst musste er sich etwas aufbauen, sich im Leben beweisen, um der einen Liebe etwas bieten zu können. Ich werde im Leben siegen, beschloss er.

Nein, das sollte schon kein vages Vorhaben sein. Er widmete sich seinen Studien mit Leib und Seele, überzeugt, dass es genau das war, wonach er gesucht hatte: ein Beruf, bei dem er seine Fähigkeiten unter Beweis stellen konnte und der ihm Geld und Wohlstand bringen würde. Danach gab es noch einige Liebeleien, manche mit mehr, manche mit weniger Überzeugung, seine ganze Kraft jedoch galt noch immer dem eigentlichen Vorhaben.

Er war nie besonders gläubig und hatte auch keine Ideale. Die Religion war in seinem Leben stets ein vages Ritual aus Taufen und Hochzeiten gewesen, hin und wieder ein Gottesdienst am Sonntag. Der Vater sagte immer: Nur, weil etwas nichts Gutes bringt, ist es noch lange nichts Schlechtes; erst nach dem Tod wissen wir, ob etwas danach kommt oder nicht. Die Mutter sagte immer: Sage so etwas nicht, Gott könnte dich strafen. Mit der Politik hatte er genauso wenig am Hut. Von ihr kam nur ein aufkeimendes Gefühl zu ersticken und eine ebenso aufkeimende Aufsässigkeit, die durch die Anekdoten und Kritiken, die er hörte und wiederholte, besänftigt wurde.

Er hatte sich auf sein Vorhaben konzentriert, auf den Weg, der vor ihm lag, dachte er. In Kürze würde er sein Studium beenden, er verliebte sich erneut und dachte, dass es dieses Mal ernst war.

Doch die bedrohliche Aussicht, in den Kolonialkrieg geschickt zu werden, rückte näher, bis sie schließlich zur unmittelbaren Gefahr wurde.

Da war es plötzlich der 25. April, wie für so viele andere. Eine perfekte Revolution mit Nelken statt Schüssen, entstanden aus dem Nichts, um ihn zu retten. So erschien es ihm zumindest. Ohne Blut und Schweiß hatte sich der Horizont gelichtet und der Himmel war aufgeklart. Er feierte mit der Freundin und sah in dem unerwarteten Wunder die Bestätigung für sein Schicksal, seine Liebe. Er erhielt seine erste Anstellung, dann heiratete er.

Ein überraschendes Gefühl der Freude erfüllte nun seine Tage. Mein Leben würde ein Buch abgeben, dachte er immer. Und manchmal überkam ihn wieder die Lust zu schreiben. Er versuchte sich an einem Tagebuch, aber das Geschriebene spiegelte nie dieses intensive Gefühl wider, das er empfand. Alles wurde dadurch banal und monoton, und es dauerte nicht lange, da gab er die Auseinandersetzung mit sich selbst auf.

Er beschloss, es mit einer Kurzgeschichte zu versuchen, einem Roman. Ihm kamen Figuren in den Sinn, die irgendeinem obskuren und unerforschten Winkel seines Verstandes entsprangen. So trieben sie ohne Ziel dahin und warteten darauf, dass ihre Geschichten erzählt werden würden. Er versuchte immer wieder, sich Handlungen auszudenken, doch diese lösten sich stets in banale Ereignisse auf: Leidenschaft und Kummer, Freude, Erfolge und Niederlagen, Begegnungen und Trennungen. Alles das Gleiche, so ist das Leben, würde der Vater nun sagen.

Aber was diese Figuren wirklich von ihm wollten, war eine Erzählung, die sie von dem Strudel der Zeit erlöste, diesem ständigen Kommen und Gehen von Nebenfiguren, völlig sekundären Nebenfiguren, dieser langen und sich immer wiederholenden Geschichte der Menschheit. Eine würdige Erinnerung, die sie zu Hauptfiguren machte. Eine Erzählung, in der sie sich niederlassen und sagen könnten: Dies ist meine Geschichte und die von niemand anderem.

Er schrieb einige Zeit lang, versuchte es hartnäckig. Dann unterbrach er sich immer wieder und dachte: Ich muss dasjenige finden, das jede Person zu etwas Einzigartigem macht, das eines Wortes, eines Blickes, eines Aufschreis würdig ist: Das bin ich.

Er verstrickte sich in seinen Gedanken und erschrak: Spreche ich hier etwa über mich? Weiß ich nicht, wer ich bin? Suche ich mich immer noch in anderen Geschichten, will ich mich in anderen Figuren bestätigt sehen? Das einzig Wunderbare und Außergewöhnliche, das mir passiert ist, war die Revolution, die mich vor dem Krieg bewahrt hat, und das ist allen in meiner Generation passiert, vielen anderen. Aber in jedem Ereignis bleibt das wirklich Einzigartige ungesagt. Es ist unaussprechlich: Es ist der Widerhall des Ereignisses, der mit dem vieler tausend anderer Ereignisse verschmilzt, die jeder schon einmal erlebt hat, folgerte er.

So war das Hochgefühl dieser Zeit verflogen, so war die Lust, ihrer auf geschriebenen Seiten zu gedenken, verflogen. Doch der Tisch, an dem er immer schrieb, blieb; wie ein lebensnotwendiger Raum, ein Ort, der nur ihm gehörte, der auf ihn wartete.

Es kamen die Kinder, und mit ihnen verschwanden die Muße und die Bummeleien. Er tat alles, was er konnte, um ihnen ein bequemes Leben zu ermöglichen. Er war darauf bedacht, ihnen gewöhnliche Namen zu geben. Namen wie alle anderen auch. Namen, die gerade Mode waren. Er begab sich in den Tunnel, an dessen Anfang Weinen, Windeln und verlorene Nächte stehen und der durch Kranksein, Schule und Sorgen nur noch länger wurde. Ein Tunnel, der sich bis zur Universität, den Kursen und dem Gefühl, dass die Kinder nun definitiv in das Leben entlassen werden konnten, hinzog.

All diese Jahre hindurch arbeitete er mehr. Er arbeitete hart, um mehr Geld zu verdienen. Er brauchte ein größeres Haus, ein neues Auto, Reisen, Ferien und viele andere Dinge. Die Frau arbeitete auch und viel, aber das hier ist nicht die Geschichte der Frau. Als sei sie aus dieser Geschichte gelöscht, selbst ihr Name ist irrelevant. Man könnte sie auch Hannah oder Eva nennen, nichts davon würde den Gang der Ereignisse ändern. Das ist die Geschichte von Arlindo, dem Einzelkind, dem einsamen Geschöpf.

Er war ein guter Vater, ein guter Ehemann. Der einzige Anspruch, den er erhob, war Raum für sich, ein Tisch, an dem sich sonst niemand zu schaffen machte. Aber nie passierte etwas an diesem Tisch. Erneut kam ihm ein Tagebuch in den Sinn, doch einmal mehr erschien ihm sein Leben eintönig, uninteressant; nichts, was von Bedeutung wäre. Er zerriss das Heft, räumte seinen Tisch auf. Übrig blieb eine rechtwinklige Leere. Er setzte sich manchmal weiterhin auf den Stuhl neben dem vielversprechenden Rechteck, in Gedanken versunken und darauf wartend, dass ihm eine Idee, eine Inspiration käme, aber prompt riefen ihn wieder die anderen Pflichten seines kräfteraubenden Lebens zurück.

Die Kinder lebten ihr eigenes Leben, heirateten, und es kamen die Enkel. Arlindos Frau ging in den Ruhestand. Wenn Arlindo spätabends nach Hause kam, fand er sie fast immer vor dem Fernseher. Sie schaute Telenovelas und Serien über Liebe und Trennung. Ich weiß nicht, wie du die Geduld aufbringen kannst, den ganzen Tag nur diese Geschichten anzuschauen. Es sind immer dieselben, sagte er dann, und sie sagte nein, dass sie sich gerade erst hingesetzt habe, dass das nun zu große Haus ja so leer sei, aber dass es noch viel Hausarbeit zu tun gäbe; oder dass sie bei der Tochter oder dem Sohn gewesen sei und auf die Enkel aufgepasst hätte.

Geh doch auch in den Ruhestand, sagte sie dann, du bist schon im Rentenalter, du hast dein Soll erfüllt, wir sind alleine, wir könnten unser Leben genießen, reisen, wir haben Geld. Ruhestand, ein befremdlicher Gedanke, dachte Arlindo dann. Das klingt so, als würde man einen neuen Stand in der Gesellschaft annehmen. Rente auch. Das klingt auch so, als würde es sich rentieren. Und da kam ihm oft eine Erinnerung aus seiner Kindheit, ein alter Mann im Altersheim – ein Großvater, Großonkel? –, reduziert auf ein Bett, einen Schrank, einen Stuhl, ohne Raum für sich, Raum für seine Träume.

Setz dich zur Ruhe, solange du noch die Kraft hast, das Leben zu genießen, beharrte die Frau. Er gab nach, ja, es war schon Zeit, die Frau fühlte sich oft allein. Sie gingen auf Reisen. Lange Reisen, ohne Hektik. Sie kamen und gingen, erzählten es ihren Freunden: Wir waren auf den Fidschi-Inseln, in Mexiko. Sie zeigten Fotos und Mitbringsel wie Trophäen.

Das war sein Leben, wie es sich vor seinem inneren Auge abspielte. Alles schien gut zu laufen, aber eines Abends, in einer Straße voller Menschen, hörte er einen Satz: Jedem Tag wohnt ein Schmerz inne, ein Schmerz so fein und schneidend wie ein Messer.

Er schaute zurück, viele andere Menschen auch, um zu sehen, wer sich derart beklagt hatte. Auf dem Boden neben einem Gebäude saß ein Obdachloser. Die Menschen schauten, hielten inne, blieben einen Moment stehen, schnappten nach Luft, voller Erwartung, voller Mitgefühl, voller Schreck. Alle waren sie überrascht über dieses unerwartete Bekenntnis mitten auf der Straße. Der Mann wiederholte: Den Tagen wohnt ein feiner Schmerz inne. Und alle gingen wieder ihres Weges und verhielten sich wie zuvor und sagten „der Ärmste!". Arlindo dachte nach: feiner Schmerz, weil alles in meinem Leben grau ist. Doch er verwarf den Gedanken.

Kurze Zeit später rief der Sohn an. Der jüngste Enkel sei an Grippe erkrankt und habe Fieber, könne nicht in die Schule, morgens sei zwar das Hausmädchen da, abends aber nicht, ob sie denn vorbeikommen könnten. Ja, er erinnerte sich noch gut daran: Die Frau, auf die man sonst immer zählen konnte, wenn es darum ging, sich um die Enkel zu kümmern, hatte gesagt, dass sie nicht konnte, dass sie den Nachmittag bereits mit unaufschiebbaren häuslichen Pflichten verplant habe. Sie war rigoros, plante ihre Zeit aufs Genaueste; etwas rigide, nur selten ließ sie sich in ihre Pläne hineinreden, aber deswegen war sie auch effizient, handelte wohlüberlegt, und schließlich hatte er sie ja deshalb geheiratet.

Etwas widerstrebend und überhäuft mit Ratschlägen für Essen, Medikamente und Thermometer musste sich Arlindo plötzlich zum ersten Mal alleine um den Enkel kümmern.

Der Nachmittag ging langsam vorbei, sie sahen etwas fern, dann wurde der Enkel müde, seine Augen waren fiebrig und tränend, danach spielten sie eine Zeit lang, aßen eine Kleinigkeit. Aber dann bat ihn der Enkel, er möge ihm eine Geschichte erzählen. Ich erinnere mich an keine, sagte Arlindo. Denk dir eine aus, sagte der Enkel.

Er überlegte: wozu sich etwas ausdenken, die Geschichten sind doch alle gleich, alles wiederholt sich. Die Erinnerungen an seine unbeholfenen Schreibversuche aus weit zurückliegenden Zeiten, als er Handlungsstränge für Figuren suchte, die in seinem Geist umherzutreiben schienen, überwältigten ihn, er erinnerte sich an die Kindheit und Jugend seiner Kinder, an ihre Liebschaften, Sorgen und Freuden und Zukunftsprojekte, an das Leben der Kinder, das seinem glich. Der Vater hatte recht, die Welt bestand aus unaufhörlichen Wiederholungen, die Abläufe eines jeden Menschenlebens waren im Grunde gleich. Nichts Neues, nichts Interessantes gab es zu erzählen oder zu erfinden, und die unbestreitbare Klarheit dieser Vorstellung, diese gedrängte Darstellung eines jeden Menschenlebens, ließ ihn beinahe ersticken.

Nur wer am Anfang seines Lebens steht, gibt sich der Illusion hin, man könne auf etwas anderes als Wiederholung stoßen, da alles noch neu erscheint, dachte er. Die Geschichten sind alle erfunden, sagte er.

Doch der Enkel ließ sich davon nicht überzeugen: Ich will eine schöne Geschichte, mit Abenteuern. Und fing an zu erzählen. Es war einmal ein Mann, der brach zu einer Reise auf. Er kam in ein seltsames Land. Jetzt bist du dran.

Arlindo gab sich Mühe: Als er dort angekommen war, hörte er von einem Schatz. Oder vielleicht von einer Prinzessin.

Er versuchte, noch etwas hinzuzufügen, durchlief sein Gedächtnis und seine Vorstellungskraft auf der Suche nach einer Geschichte, in der sich eine Welt auftun und Rätsel und Entdeckungen offenbaren würde, doch nichts fiel ihm ein. Nur Abrisse, unzusammenhängende Sätze: Er wird viele Abenteuer erleben, bis er den Schatz findet oder die Prinzessin heiratet; wenn er gut und mutig ist; mit der Unterstützung einer Fee; und wenn sie nicht gestorben sind, dann leben sie noch heute. Ich weiß nicht, was in jenem seltsamen Land passiert, sagte er.

Der Enkel entschloss sich, noch ein bisschen weiter zu machen: Der Mann hatte eine Freundin und einen Computer.

Aber da sie in einem Wald waren, hatten sie kein Netz, sagte Arlindo. Sie hatten überhaupt kein Netz: weder für das Internet, noch für das Handy. Deshalb konnten sie auch niemanden nach dem Weg fragen. Sie waren völlig alleine, von Bäumen umgeben.

Es gab eine Pause, der Enkel wartete, und plötzlich, ohne zu wissen wie und warum, fuhr der Großvater fort. Sie fanden einen schmalen Weg und gingen los. Sie gingen und gingen, bis sie an einer Hütte angelangt waren. Es wurde schon allmählich dunkel, sie entschieden sich, die Nacht dort zu verbringen. Drinnen gab es einige Sachen: ein Bett, einen Tisch und zwei Stühle, einen Herd, einen Topf. Sie konnten das Essen, das sie in den Rucksäcken mitgebracht hatten, aufwärmen. Als sie am Tisch saßen, bemerkten sie eine Flasche aus grünem Glas, die auf einem Fensterbrett stand. Eine leere Flasche.

Sie ist zu nichts zu gebrauchen, sagte der Mann. Vielleicht wird sie uns noch von Nutzen sein, sagte die Freundin.

Nachts wachten sie auf. Ein grüner Lichtschein tanzte auf der Wand gegenüber des Bettes. Er zog umher, nach oben, nach unten, nach rechts, nach links, stets schwankend.

Sie suchten nach einer Erklärung. Kam das Licht von außen, durch das Fensterglas? Sie standen ganz vorsichtig auf. Als sie gerade aufgestanden waren, verschwand das Licht. Sie sahen nach. Kein Licht, niemand da draußen.

Da erinnerten sie sich an die Flasche aus grünem Glas, die auf der Fensterbank stand. Sie musste es gewesen sein: irgendjemand war bestimmt mit einer Laterne vorbeigelaufen, das Licht hatte durch die Flasche geschienen und jene schöne grüne Farbe auf die Wand projiziert. Doch eine leise innere Stimme sagte ihnen: Jemand, der normal an dem Fenster vorbeiwandert, würde das Licht nicht so zum Tänzeln bringen, von einer Seite zur anderen, nach oben und nach unten.

Sie sagten sich, dass diese innere Stimme die Stimme der Angst war, wollten nicht auf sie hören, suchten weiter nach Erklärungen, berechneten mögliche Einfalls- und Projektionswinkel auf der Wand, nichts passte.

Warum müssen wir für alles eine Erklärung finden? Sagte die Freundin. Dieses Licht hat uns aufgeweckt, unsere Aufmerksamkeit auf sich gezogen. Ist es nicht das, was wirklich zählt? Warum glauben wir, es sei das Wichtigste, eine Erklärung für sein Erscheinen zu finden, und nicht das Ziel, das Ergebnis dieses Erscheinens?

Welches Ziel, welches Ergebnis? Fragte der Mann.

Und plötzlich kam das Licht zurück, es schien aus der Flasche heraus, deutete auf die Tür. Sie entschlossen sich hinauszugehen. Sie aßen schnell noch etwas, rafften ihre Sachen zusammen, öffneten die Tür. Das Licht war immer noch vor ihnen, als ob es ihnen den Weg weisen würde. Lass uns die Flasche mitnehmen, sagte die Freundin, es ist eine magische Flasche.

Es gibt keine magischen Sachen, sagte der Enkel.

Du irrst dich, in der kleinen Welt, in der alles eine Erklärung hat, gibt es sie nicht, aber es gibt eine andere Welt, die weitaus größer ist, wo unsere Erklärungen zu nichts zu gebrauchen sind. Wir können sie als Magiewelt oder als Fantasiewelt bezeichnen, oder als unbekannte Welt, das ist egal. Und das seltsame Land, das der Mann und die Freundin bereisten, befand sich in dieser Welt, und dort war auch die grüne Flasche mit einem Licht im Innern, das den Reisenden den Weg zeigte. Und so hatten dieser Mann und die Freundin eine wundervolle Reise hinter sich gebracht.

Ist sie schon zu Ende, das soll das Ende sein? Haben sie keine Abenteuer mehr erlebt? Drängte der Enkel. Arlindo gab sich Mühe, doch es fiel ihm nichts mehr ein, die Quelle seiner Geschichten war versiegt.

Sein Enkel erzählte weiter: Sie trafen auf einen brüllenden Tiger, der sich auf sie stürzen wollte. Das grüne Licht aus der Flasche schien ihm direkt in die Augen und er hörte auf zu brüllen und erstarrte, wenn auch mit aufgerissenem Maul. Da griff der Mann nach einem Stein, warf ihn mit voller Kraft und brach damit dem Tiger einen Zahn ab. Der Zahn fiel herunter und der Tiger lief weg. Sie hoben den Zahn auf und gingen weiter ihres Weges. In dieser Nacht fanden sie nirgendwo Zuflucht und mussten deshalb im Wald übernachten. Als sie aufwachten, war es noch Nacht. Sie bemerkten einen dunklen Schatten in ihrer Nähe. Ich habe hier einen Tigerzahn, sagte der Mann, und der Schatten verschwand.

Jetzt mach du weiter, sagte der Enkel. Aber der Großvater, verloren in diesem Wirrwarr aus Tigern und Schatten, fühlte sich zu mehr Abenteuern nicht imstande und beschränkte sich darauf, es mit einem neuen Ende zu versuchen. Sie gingen weiter, stets von der grünen Flasche geführt, bis sie an einen breiten Fluss mit starker Strömung kamen. Es war der Fluss der Angst, das letzte Hindernis auf ihrem Rückweg. Wie sollen wir ihn überqueren? Sagte der Mann. Das grüne Licht fiel auf einen Punkt am Boden neben dem Ufer. Sie vergruben den Zahn und daraus wuchs eine Brücke. Und so kehrten sie nach Hause zurück.

Und lebten sie glücklich? Fragte der Enkel. Ich denke schon, sagte der Großvater. Sie hatten gelernt, glücklich zu leben. Sie wussten nun, dass man in kleinen Dingen Großes und in schlechten Schönes entdecken kann. Hat sie dir gefallen? Fragte Arlindo. Sie war zu kurz, ich will mehr, mehr, beharrte der Enkel mit seiner natürlich kindlichen Gier. Du musst mehr Abenteuer erzählen, wie sie über die Brücke gehen und was mit der magischen Flasche passiert.

Sohn und Schwiegertochter kamen zurück und unterbanden damit anderweitige Gefahren und einen weiteren Ausgang der Geschichte. Ein fliegender Wortwechsel, wie es ihm erging, wie es ihm ergeht, danke Papa, hattest du Spaß mit deinem Großvater.

Es war kurz nach diesem Abend oder vielleicht auch schon kurz vorher, dass Arlindo des Reisens müde wurde. Es vermittelte ihm nur ein Gefühl unnötiger Unruhe, er fand, dass alles gleich, alles bereits gesehen war. Reisen wozu, sagte er zur Frau, man gibt nur Geld aus und es ist immer dasselbe. Im Alter bist du geizig geworden, sagte die Frau, wozu willst du das Geld sonst?

Er ertrug es, gerade so. Die Frau beklagte sich oft. Nie hast du auf etwas Lust, du scheinst an allem das Interesse verloren zu haben. Am Wochenende willst du nicht spazieren gehen, abends willst du nicht ausgehen, nicht mal ins Kino, du kannst nicht einfach rasten, stillsitzen, nichts tun und nur ins Leere starren.

Nichts tuend und nur ins Leere starrend fügte er alles zusammen: den feinen Schmerz, der den Tagen innewohnt, die Geschichte, die er dem Enkel erzählt hatte, die weiß der Himmel woher gekommen war, die Suche nach Raum für sich. Zeit seines Lebens ein Stadtmensch, begann er vom Land zu träumen, von dem Grün, dem Grün der Natur, wo sich die wahren Geheimnisse des Lebens verbargen. Und er fand heraus, wozu er das Geld brauchte.

Wir werden ein Haus auf dem Land kaufen, sagte er der Frau. Ich möchte meinen Kindern und Enkeln nah sein, erwiderte sie. Wir kaufen ein Haus, das nahe an Lissabon liegt, sie können dort hinkommen, wann immer sie wollen, wir kommen problemlos hin und wieder zurück. Zwei Häuser, doppelte Arbeit, dachte die Frau. Aber sie sagte es nicht. Sie hatten sich im Lauf der Jahre schon oft gestritten, wie alle Ehepaare, wie alle Menschen, es lohnte sich nicht, jetzt, da sie alt waren, noch mehr zu streiten. Sie hatte sich bereits die Fähigkeit angeeignet, ihre Kraft für das Wichtige aufzusparen, sie sagte einverstanden, ohne große Begeisterung.

Das Haus hatte einen Garten, mit ein paar großen, majestätischen Bäumen, und einen kleinen Gemüsegarten. Es begannen die ruhigen Zeiten. Arlindo harkte und goss, die Frau kam und ging, fegte und putzte.

Der Sonnenuntergang brachte eine süße Nostalgie mit sich, eine Sehnsucht nach vergessenen Erinnerungen. Sehnsucht nach mir selbst, wie absurd, dachte Arlindo.

Unvermittelt aber suchten ihn Erinnerungen heim. Ein Haus in Campolide bei Lissabon, dem ehemaligen Armenviertel. Wer hatte dort gewohnt? Ein Verwandter oder Freunde. Das Tal breitete sich nach unten hin aus, ohne die Avenida Gulbenkian, weder Straße noch Autos, nur Felder, die Züge in der Talsenke. Er hatte es vom Dachboden aus gesehen. Fasziniert, die Züge beobachtend, von Reisen zu unbekannten Orten und künftigen Zeiten träumend. Er war gereist und hatte nur wenig oder gar nichts entdeckt.

Andere Erinnerungen kamen auf, herbeigetragen durch die Farben und das Geflüster des zu Ende gehenden Tages. Grün ist die schönste Farbe, sagte ein Mädchen. Sie zog die Hülle von einer Korbflasche ab. Nachdem der weiße Kunststoff, praktisch, aber hässlich, abgezogen war, kam die Schönheit des grünen Glases hervor, die grüne Gestalt.

Sie machte solche Sachen: nutzlos und dumm. Du machst die Korbflasche kaputt, sagte man ihr. Wofür? Wozu soll das denn gut sein? Um ihre verhüllte Schönheit freizulegen, antwortete sie, hinter dem Schein verbirgt sich immer eine andere Gestalt, eine andere Farbe, eine andere Sache. Unsinn, erwiderten die anderen. Genau dieser Erinnerung entsprang die Geschichte, die er dem Enkel erzählt hatte.

War die Hauptfigur seine Frau? Diese Erinnerung passte nicht zu ihr, in ihrer Jugend war sie nie sonderlich erfinderisch gewesen. Oder doch? Oder war es eine frühere Freundin? Oder die Erinnerung an einen Traum?

Es war auch am frühen Abend, an fast jedem, wenn die Frau sich neben ihn setzte. Sie redeten im Garten und schauten dabei auf die Bäume. Darauf bedacht, keinen Streit zu provozieren, fragte er sie: Hatten wir in unserem ersten Haus eine grüne Flasche auf der Fensterbank im Wohnzimmer stehen? Ich kann mich nicht daran erinnern, vielleicht, warum? Ich erinnere mich in letzter Zeit an alte Dinge, von denen ich dachte, ich hätte sie für immer vergessen. Die Frau antwortete mit beschwingter Stimme: Du erinnerst dich an das, was in deinem Leben wichtig war. Und sie fuhr fort mit einer Theorie: Das ist das Drama des Alterns. Wir erinnern uns an das, von dem wir dachten, es sei längst vergessen, und vergessen darüber das, was wir gestern getan haben. Man sagt uns: Das ist das Alter. Das ist das Alter, aber nicht im Sinne der Verblödung, die man der Senilität zuschreibt. Es ist die selektive Erinnerung des schon weisen Gedächtnisses, das auswählt, was wirklich wichtig war oder ist und es wiedergibt.

An was sie sich wohl erinnern wird, dachte Arlindo. Hast du dich auch selbst vergessen, wer du warst, wer du bist, aber die Frage kam ihm seltsam vor, und so suchte er nicht weiter nach einer Antwort. Er sagte nur: Ist das Wichtige im Leben also eine zusammengeflickte Decke? Oder gar Stofffetzen, von denen wir nicht wissen, wie wir sie zusammenflicken sollen? Die Stofffetzen sind die Träume, das, was wir nicht zu Ende führen oder lösen können, sagte die Frau.

Oder vielleicht taucht ja in dieser Zeit auch ein neuer Lebensplan auf, in unserer Zeit, diesem Hier und Jetzt, dieser langsamen und nun friedlich gewordenen Zeit, vielleicht, dachte Arlindo.

Wir betrachten das Grün der Natur und verspüren eine Art Hunger, sagte er. Möchtest du Gras fressen? Lachte die Frau. Es liegt viel mehr hinter dem, was wir sehen und denken, sagte Arlindo. Wie erklärt man dieses Gefühl, diese ruhige, mit dem Grün verbundene Erwartung, die eine alte Erinnerung mit sich bringt? Grün ist die Farbe der Hoffnung, sagte die Frau.

Einige Tage später jedoch hörte er sie, wie sie mit der Tochter telefonierte. Er mit seiner Gartenarbeit, sie mit ihrem Auf- und Abgehen bei ihren dauernden Telefonaten mit den Kindern. Er hörte sie durch das offene Fenster. Dein Vater verhält sich eigenartig. Weiß nicht, wie ein anderer Mensch. Wie? Ich kann es nicht genau erklären, er schweift ab, hat wundersame Ideen, scheint besessen zu sein. Besessen von was? Dem Grün, der Natur, was weiß ich. Die Frau war so. Nach außen hin optimistisch und im Innern besorgt.

Der feine Schmerz, der den Tagen innewohnte, war vorüber. Er kümmerte sich weiterhin um den Garten und die Beete. Zwischen Rosen und Bohnen war er zufrieden und bewegte sich, dort verbrachte er seine Zeit. Aber bald schon fühlte er sich müde, es fehlten ihm schlichtweg die Energie und die Kraft von früher.

Ich kam zu spät dazu, dachte er, wie viele andere Greise hatte auch ich diesen Traum von der ländlichen Ruhe. Ein Haus, ein Stück Land, ein Zufluchtsort, um über das Leben nachzudenken, Unkraut zu jäten, zu harken, zu bewässern, und ich begreife erst jetzt, dass der Traum fern jeglicher Realität liegt. Der Körper will schon nicht mehr, nun kann er diesen Traum nicht mehr leben.

Ab da verbrachte er viel Zeit im Sitzen, beobachtend. Er fürchtete sich davor, dass die Tage ihm leer vorkämen, dass der feine Schmerz sie wieder bewohnte. Aber nein, die Tage waren erfüllt, vollkommen und sanft.

Manchmal erblickte er Figuren. Eine davon erinnerte ihn an einen Jugendschwarm, ein Mädchen mit einer ungezwungenen Art und seltsamen Überzeugungen, an dessen Seite er sich rebellisch und verwegen vorgekommen war. Diese Figur hatte ihn schon zu Zeiten seiner Schreibversuche beharrlich aufgesucht und eine absurde Theorie zu Jeanne d'Arc vorgebracht: Was das arme Mädchen zu diesen unglaublichen Abenteuern bewogen hätte, sei die Tatsache, dass sie Analphabetin gewesen war. Hätte sie schreiben können, dann hätte sie sich von den Stimmen und Visionen losmachen können, hätte ihre Geschichte aufgeschrieben und sie nicht selbst erleben müssen. Sie hätte sie schreiben und in Ruhe sterben können. Diese Erscheinung war jedoch nur von kurzer Dauer, die Figur rief weder nach ihm noch führte sie ihn in Versuchung. Er winkte ihr noch beinahe zum Abschied zu, sagte Lebewohl, uninteressiert an ihrem Gerede.

Eine in ein Gespräch vertiefte Menschengruppe unter einem Baum: das waren die Figuren, die er am häufigsten erblickte. Es waren nicht einmal wirkliche Figuren, vielmehr Gestalten mit unscharfen Gesichtszügen, die vertieft waren in angenehme und vom Rauschen der Blätter umwobene Gespräche, denen die gewaltigen Bäume Schatten spendeten. Das Rauschen ließ ihn nur das eine oder andere Wort verstehen, doch der Zauber dieser Szene beruhte eben auf diesem unverständlichen Rauschen, der Überflüssigkeit von Wörtern, der Stärke der Anwesenden, den gelassenen Gesten.

Seine Kinder und Enkel, wenn sie zu Besuch kamen, betraten diesen Frieden, störten ihn, manchmal zerstörten sie ihn sogar, beschenkten ihn aber auch mit anderen Klängen, anderem Glanz und mit Farben. Manchmal unterhielt Arlindo sich länger mit den Enkeln, die Frau ging mit den Kindern ins Haus. Wir kochen, tun dies oder das, sie werden mir dabei helfen, sagte sie.

Ja, das stimmte, sie halfen ihr dabei, Sachen zu tun, vor denen sich Arlindo gerne drückte, doch nutzte seine Frau diese Gelegenheiten auch dazu, ihr Herz auszuschütten.

Dein Vater vertrieb sich immer die Zeit damit, den Garten zu pflegen, jetzt nicht mehr, er sitzt da einfach rum, macht kaum was, bewegt sich nicht, ich glaubte zunächst, er würde wieder anfangen zu schreiben, als er jung war, dachte er darüber nach, versuchte es, doch er gab diesen Traum auf, manchmal kommt es mir so vor, als führe er Selbstgespräche, sagte sie.

Arlindo hörte mit. Das war also dieser Ruhestand, sein Umstand, der Umstand des Altseins: jemand, der sich beschäftigen

sollte, der Tätigkeiten nachgehen sollte, die von anderen als reiner Zeitvertreib angesehen wurden und deren einziger Sinn und Zweck es war, ihn dazu zu bringen, sich zu bewegen, und ihm vorzugaukeln, er hätte eine Beschäftigung.

Er hörte mit und lächelte. Er fand die Version seines Selbst, auf die Sorgen der Frau reduziert, amüsant. Auch, dass sie den Kindern Sachen erzählte, die sie ihm vorenthielt, und so tat, als wäre sie davon überzeugt, dass er nichts mitbekäme, jedoch hoffte, er würde alles mithören. Die Welt war voller Wörter, die auf tausend verschiedene Arten interpretiert wurden und wie aufeinanderfolgende Echos klangen, so stark abgenutzt, dass sie jeglichen Sinnes entbehrten. Eine Kakofonie.

Er erinnerte sich: während der Kindheit, da mochte er Wörter. Die Wörter hatten Farben. Er erinnerte sich seiner selbst, in jener Zeit, in der er sprachlos Dinge beobachtete. Die Wörter haben Farben, hatte er eines Tages gesagt. Du bist ein Dummerchen, hatte ihm darauf die Mutter geantwortet.

Die Wörter hatten Farben und Glanz und ließen verschiedene Deutungen zu, und jeder Augenblick brachte unendlich viele Möglichkeiten mit sich. Er schwebt in den Wolken, sagte die Lehrerin. Sowohl in der Schule als auch im Leben musste alles schnell gehen, erklärt und beiseitegelegt werden.

Er sah, wie die Sonne in einem schönen leuchtenden Grün durch die Blätter einer Platane schien. Er war von tiefer Rührung ergriffen, empfand absolutes Glück. Sein ganzer Körper war von diesem Gefühl durchdrungen. Das Leben besteht nicht aus großen Abschnitten, großen nebeneinanderliegenden und aneinandergereihten Blöcken, weder aus verzwickten Situationen noch aus Routine, sondern aus glänzenden und farbenfrohen Augenblicken, dachte er.

Ihm war, als wäre sein Leben ein einziges Gedicht, als wäre er selbst ein formvollendetes Gedicht. Natürlich brauchte er nichts zu schreiben, war er doch selbst das Gedicht, die perfekte Verbindung zu allem, was ihn umgab. Der für ihn lebensnotwendige Raum war überall.

Ich bin das, dachte er, das und nichts weiter. Ich habe mein ganzes Leben damit verbracht, durch ein seltsames Land zu reisen, doch nun bin ich nach Hause zurückgekehrt. Hast du etwas gesagt? Fragte die Frau, indem sie aus dem dichten Halbdunkel des Hauses herauskam. Ach nichts, antwortete er, mit einem Lächeln im Gesicht, um sie nicht zu beunruhigen.

Aus dem Portugiesischen von Julia Schönmann und Timur Stein unter Mitwirkung der Herausgeberinnen.

Maria Isabel Barreno wurde 1939 in Lissabon geboren und war eine portugiesische Schriftstellerin. An der Faculdade de Letras an der Universität Lissabon studierte sie Geschichte und Philosophie. Große Bekanntheit erlangte sie durch den feministischen Briefroman *Novas Cartas Portuguesas* (1972), den sie zusammen mit Maria Teresa Horta und Maria Velho da Costa verfasste und durch den die Autorinnen als die „Drei Marias" bekannt wurden. Weitere namhafte Werke sind *A Morte da Mãe* (1972), *O Senhor das Ilhas* (1993) und *Os Sensos Incomuns* (1994). Maria Isabel Barreno starb am 3. September 2016 in ihrer Heimatstadt Lissabon.

Julia Schönmann wurde 1991 in Leutkirch im Allgäu geboren. Vor ihrem Abitur im Jahre 2011 verbrachte sie ein Auslandsjahr an der Wheatland Highschool in Wyoming, USA. Danach studierte sie Übersetzungswissenschaften mit den Sprachen Englisch und Portugiesisch an der Ruprecht-Karls-Universität Heidelberg und schloss im November 2015 ihren Bachelor ab. Seit Oktober 2015 studiert sie am FTSK Germersheim der Johannes Gutenberg-Universität Mainz dieselbe Sprachkombination im Master Translation.

Timur Stein wurde 1990 in Rybnica, Moldawien, geboren und lebt seit 1998 in Deutschland. Nach seinem Abitur im Jahr 2010 leistete er einen einjährigen Freiwilligendienst in Ecuador und verbrachte 2013-2014 zwei Auslandssemester an der Universidad Nacional de Colombia in Bogotá. 2015 schloss er sein Bachelorstudium der Romanistik (Spanisch und Portugiesisch) ab und begann im Wintersemester 2015/2016 ein Masterstudium in Translation am FTSK Germersheim der Johannes Gutenberg-Universität Mainz.

hellblau

Maria Teresa Horta

AUSGRABUNGEN

•

*Sie ernährte sich von Spinnen, Feuchtigkeiten,
schrägen Sonnenstrahlen*
Luiza Neto Jorge

Wenn sie zum ersten Mal mit einem Mann schläft, zieht sich Raquel ein hellblaues Strumpfband an, von einem verwaschenen Himmelblau, beinahe durchscheinend vor Blässe und dennoch unerwartet bläulich prickelnd, glänzend,

verzaubernd, geschlungen um ihre langen schlanken Oberschenkel, die sie gerne mehrfach in Seide um- und verhüllt sah; Seidenstrümpfe, wie sie vor ihr schon ihre Mutter trug.

Sie erinnert sich, wie sie sie anzog, in langsamen genussverratenden Bewegungen,

eines nach dem anderen, das zarte Knie leicht angehoben, den Fuß fest auf der Bettkante, schmale Hände und schlanke Finger mit langen Nägeln, so scharlachrot wie der intensive Farbton des Lippenstiftes auf ihren Lippen.

So manches Mal genießt Raquel das Gefühl des blauen Strumpfbandes auf ihrer nackten Haut, auf ihrem nackten Oberschenkel,

an dem die Männer ihre Lippen hinabwandern lassen werden, um ihren Durst zu löschen an dem schattigen Brunnen ihres feurig fiebrigen Körpers, in dem sie sich sträubt, augenscheinlich unversehrt, Genuss empfindend an den kühnsten Gelüsten, ohne sich jemals hinzugeben, von sich nur das erlaubend, was sie befriedigt, im Verlangen nach Fall, sie selbst bereits Ungehorsam und Durcheinander, ohne je schwankend zu wirken, außer von ihrer Kehrseite, Hülle des größten Schweigens, belagert, verschlossen in ihr selbst,

in einem so harten Ganzen,

dass nicht einmal der Anflug des Tiefgründigen sich absetzt von jenem schattigen Etwas, das sie eines Tages, wie sie weiß, verschlingen wird, mit der „Trägheit eines Dilemmas", wie die Dichter schreiben, die sie liest und deren Verse sie verschlingt mit einer Gier, vor der sie selbst erschrickt.

Doch sie kehrt auf dem kürzesten Weg nach Hause zurück, besänftigt, die Ankunft ihres Ehemanns erwartend, zwischen sich stapelnden Büchern, eine Art Schutzschild, *Ariel*, *Orlando*...

Sturmhöhe, der Roman, in dem es für sie um Verdammnis und Schuld geht, bei dem sie jedes glühende Kapitel wieder von vorn liest, ein Roman von verzehrender und verwüstender Leidenschaft, in der sie ihre Obsession für Gabriel wiedererkennt.

Uriel?

Zurückweisend die peitschende Schuld, die den Frauen auferlegt wird, eine Vorstellung, die sie unweigerlich hinstößt zur

aufopfernden, reinigenden Liebe, ewig als Erlösung angesehen und nie als Fährnis der Wahl von Jubel und Lust,
   zerbrechlich und unwahrscheinlich.
   Flüchtig: selbst wenn versunken in einem unermesslichen und wüsten Verlust.

Sie aß Spinnen, als sie ein kleines Mädchen war,
   unbelehrbares Körperchen eines mageren und kontaktscheuen Kindes, dürre lange Beine,
   Augen von Himmel versüßt,
   Knie voller Kratzer und Narben von Sträuchern, von Schnitten und Rissen von Schrauben, von krummen, verrosteten Nägeln, von ungesundem Regenwasser und der Feuchtigkeit des Tejo, der dort in der Nähe floss; offene Wunden von den scharfen Steinkanten auf dem Hof der Großeltern, in der Nähe von Campo Pequeno, vom Garten des Elternhauses, von den Ruinen des Erdbebens, wohin sie flüchtet, wann immer sie kann,
   auf der Suche nach sie weiß nicht genau was, erschrocken, doch voller Vergnügen den Geruch von Schwefel einatmend, der noch zwischen den Steinen sitzt, an denen Belladonna wächst, in den Löchern, die sie mit ihren schwachen Fingern in die Erde gräbt, oder in den winzigen und feinen Wolken, die beim Bohren im Mauerwerk zwischen ihren kleinen gierigen verstaubten Händen auffliegen, oder im Stuck, einst hell und weiß, nun aber völlig verschmutzt und traurig,
   was sogar bei dem, der dort Unterschlupft sucht, die Erinnerung wachruft an die Häuser und an die Menschen, die darin wohnten, Geschichten, die sie nachts erfindet, ganz wie in den Büchern, die sie heimlich liest, in ihrem Bett aus rosa Birkenholz mit den verschnörkelten Säulen am Ende.

Gerne würde sie glauben, dass ihr Stand der Kunst des Fliegens angehörte, wo es in Wahrheit doch der Stand der Erde ist, hingeduckt über die tiefen Gründe und die Verwitterung: mit den Knien über den rauen, sauren Boden streifend, den ungesäuerten Grund der versunkenen, verschütteten, von den Jahrhunderten vergrabenen Städte, die sich in sich selbst verlieren. Ausgrabungen von Conímbriga wie von Pompeji, Miróbriga oder von Herculaneum,
    unter den Schuppen der Zeit oder der Asche der Vulkane.
    Erloschener?
    Ausgrabend, Löcher aushebend, die Erde durchbohrend, durchdringend. Und je mehr sie sich verzaubern lässt vom Licht, desto so mehr neigt Raquel sich dem Blatt des Schattens zu, beharrend, wie Dante, auf der Reise in die Hölle, durch den Traum, oder hinabsteigend die Stufen der Vergangenheit, der schroffen Kanten der Abgründe, zu den tiefsten Tiefen, den Höhlen, den Tunneln, denen sie geduckt folgt, in Staub, Lehm, Feuchtigkeit und Schlamm kriechend, in Verschimmeltem und von Pilz Befallenem. Aufrecht nur in den hohen Stollen oder in den von Stalaktiten beleuchteten Grotten.

Archäologin zu werden, war eine ausdrückliche Entscheidung gewesen,

zu erleben in der Begegnung mit anderen Zivilisationen, als wäre es nach dem Leben und als wäre sie in einem anderen Raum verloren gegangen, erstarrt in einer allerletzten Geste.

Und ohne mögliche Wahl sucht Raquel weiter, grabend, sich aufrichtend nach dem Licht: aus dem Brunnen des Dunkels zum höchsten Punkt, zwischen Proserpina und Eurydike,

abgründiger Gipfel, zeigend oder sich auftuend in Helenas Pilgern

zwischen den Trümmern von Troja.

Wenn Raquel zum ersten Mal mit einem Mann schläft, zieht sie sich ein helles enzianblaues Strumpfband an,

von einem so verblassten dahinwelkenden Blau jedoch, dass es eher verwischt und trüb wirkt, im Gegensatz zu der hitzigen Eile ihres Körpers,

ein Strumpfband vom Farbton des Dunstes der Seen oder des Schwindens der Himmel...

«Du bist von einem Himmelblau»,

flüstern sie ihr zu, gedämpft, während sie sie pflücken, sie mit Handschellen am Kopfende des Bettes fesseln, ihre Handgelenke hinter dem Rücken zusammenbinden, ihre perlmuttfarbige

Nacktheit bloßstellend, während sie ihr im peinigenden heiseren Geflüster zuraunen:

«Gib nach, lass dich nehmen von mir, meine Blüte aus Narde und Myrte, Narzisse oder Kamelie, Gardenie, du, aus Most und Mate auf meiner Zunge, benutzt die Trockenheit gegen die Inbrunst, die du erzeugst, ohne dich jemandem hinzugeben, der dich haben will, der dich auslöscht und benutzt, Schote, Lichtkorn, Sonnensamen oder -traube»,

doch sie hört gar nicht, was sie ihr sagen, verloren in dem Gelüst, mit dem sie sich verteidigt und sich selbst modelliert,

als Figur,

von Lust ergriffen bei jedem herausgeschabten Gefühl, jedem geweckten Sinn, jeder ausgearbeiteten-ziselierten Wonne,

ohne Schuld oder Gedächtnis.

So heftig, verwegen und verstörend, dass sie sie oftmals einschüchtert, so lüstern nach ihrem Entgegengesetzten, dass sie eher ausgelöscht wirkt.

Der Wahnsinn der Frauen hat auf Männer sowie auf sie selbst schon immer abschreckend gewirkt – das hatte sie begriffen, als ihre Mutter das erste Mal in eine psychiatrische Anstalt gebracht

wurde und sie ihren furchterfüllten Gesichtsausdruck erblickt hatte,
voller Scham,
als sie das Haus von Krankenpflegern umzingelt verlassen hat, als würden sie sie festnehmen.

Sie aß Spinnen, als sie ein kleines Mädchen war,
schmächtig, Arme von Zartheit und Hals einer Lilie, mit der Scheu eines weißen Schwans,
Augen so blau wie der Himmel, sagen sie ihr, als würfen sie ihr das vor, als nähmen sie sich vor ihr in Acht. Und selbst die Mönche, die in den Ruinen des Erdbebens von Lissabon Zuflucht finden, seit Sebastião José die Klöster in Portugal schließen ließ, meiden sie, die Augen gesenkt und fern von allem, als sähen sie sie nicht, wie sie in den Trümmern umherschleicht, in Musselin und Shantung gekleidet, Rocksaum mit Steppstich, Ärmelborte und Gürtelband mit Kreuzstich versehen, der Rock völlig zerknittert vom vielen Schmutz, dem Schlamm, von den Pfützen voll stinkenden Wassers, die Handflächen und Handgelenke zerrissen von der Rauheit des Gesteins, von den Spalten der eingestürzten Häuser, durch die sie geht, als wären es Schwellen,
mager, dünn wie der Faden Penelopes.
Auf der Suche nach jenem emporkriechenden Schauder, jenem Schrecken, der sie lähmt, sie am Ende aber in den Strudel hinabreißt und ihr das unbesonnene Herz abschnürt, während sie sich auf Zehenspitzen davonschleicht. Unbemerkt von allen, die sie lesend in ihrem Zimmer vermuten, gleitet sie, eng an die Wände der endlosen Korridore gepresst, bis zur Tür an der Rückseite des Hauses, die zu der mit Fliesen verzierten Terrasse hinausführt. Von dort gelangt sie zu der winkligen Gasse, die sie sorglos entlangläuft zum Terreiro do Paço, dem Palasthof,

Palast, dessen Feuer die aufgewühlten und angeschwollenen Fluten des Tejo löschten, ehe sie ihn mit sich rissen, nur noch Ruinen, zurück zu dem Pfeiler, wo die riesige Welle sich aufgetürmt hatte, in einem Wirbel aus Gemälden und Büchern, Diademen und Ringen, Brillantketten und Perlenohrringen, Vorhängen aus Samt und Brokat, Kandelabern und Tabletts und Gläsern und Kelchen aus Gold und Weihrauchfässern aus filigran gearbeitetem Silber, Rosenkränzen aus Topasen und Smaragden, Heiligenbildern...

Der Heilige Sebastian, von Pfeilen durchbohrt, der für eine Sekunde erstarrt war auf dem heimtückisch leuchtenden Kamm der Welle, die sich in ihrer Unermesslichkeit bis zum Himmel erheben zu wollen schien,

und während das Mädchen sich beeilt, lauscht es, erinnert sich an die Schreie voller Verzweiflung, an das Heulen der Tiere, das fürchterliche Geschrei, das vom Inneren der Erde empordrang, während sie und ihre Schwester sich zu retten versuchten, strauchelnd, stürzend, Boden, der unter ihren Füßen wegbricht, der ächzt und nach Hölle riecht.

Vielleicht deshalb beharrt sie

inmitten der nun erkalteten und versteinerten Trümmer, auf dem Wunsch, das verborgene Innere des Unglücks zu ergründen,
ohne Angst vor den Bettlern und Dieben, die sich dort verstecken,
schwere- und haltloses Mädchen, in dessen Augen sie jedoch die Bruderschaft erkennen,
das Nichts des Abgrunds.
Bevor sie Gabriel kennenlernte,
verbrachte Raquel die Nächte durch Straßen und Gärten umherziehend, die Augen auf das Schwarze des Himmels gerichtet, indem sie vergeblich die dunkelsten Orte zu enthüllen suchte,
die Sterne und Sternbilder, die sie auswendig kennt, in ihrer Beharrlichkeit, Sonnen und Nebelflecken auf den Sternkarten zu verorten,
oder auf den Landkarten die vielen Länder und Ozeane der Seefahrten und Schiffbrüche, unergründliche Rätsel, die sich im Schweigen der Jahrhunderte verlieren.
Im Übermaß ihrer selbst weigert sie sich, sich auf das Nötigste zu beschränken, inmitten von Pfaden, Tälern, Wäldern, Lichtungen.
Düsternis und Helligkeit von Gipfeln und starken Winden.
Überschwemmte Ebenen, Steppen, so weit das Auge reicht, mit Schnee bedeckte Weiten, die den Hermelinmantel der Gedichte von Ingeborg Bachmann über sich breiten:
In einem zauberhaften und einzigartigen Universum, «*im Winter ist meine Geliebte unter den Tieren des Waldes*» ... Sie hält am Rand der Buchseite inne, als stünde sie an einem Abhang oder einer steilen Böschung, Fels, Höhle von Schnee und Stalaktiten, und versucht, sich fiktive Nebelländer auszumalen, tief versunken in Visionen. ...«*und mir auf den Schneekragen fällt eine Lage von brüchigem Eis*».
Raquel schaudert,

Ah, «an den Flüssen, die strömen/ durch Babylon, fand ich mich»...
Camões, eine stetige Verführung,

Meeresarme, von der Poesie getarnt! Die in die Verse eindringen, hinabsteigen und Vorstellungswelten und Reime, Metaphern und brennende Erdkreise überfluten, alles wagend, kühn durchdacht, Grund nicht nur der Ruhelosigkeit und der Bitternis, sondern auch von Blut und Abstammungen, von Gründungen und Ursprüngen, mühseligen Mysterien, die Verbindungen herstellend zwischen den Räumen, den verborgenen und unsagbaren Orten der Natur, die man ehrgeizig zu enträtseln wünschte, um das fernste Wissen der Ahnen zu entschlüsseln.

Himmelskarten, unergründliche Regionen,

und Raquel, so sehr mit der Erde verbunden, versucht nicht einmal, über der Finsternis zu fliegen, wo sie sich verirrt, sondern streift weiter nahe den Boden des Todes, der Fäulnis, der Gebeine, der späten Ausgrabungen auf der Suche nach antiken Zivilisationen, ohne zu versuchen, ihre eigene Geschichte ohne Erinnerung an etwas auf sie zu projizieren.

Rätsel des Firmaments, die sie so sehr zu enthüllen bestrebt ist, da sie nicht einmal sich selbst kennt. Und dennoch kennt sie die Namen so vieler Sternbilder und unzähliger Sterne auswendig.

Irrlichter von früher, als sie ein Kind war und ihre Großmutter sie an der Hand nahm auf dem Weg durch die dunklen Stellen des Gartens oder der leeren und verschlossenen Zimmer des Hauses, in dem sie wohnten, und sie das Flüstern der Seelen aufspüren wollten, die weiter umherwandern auf den Wegen dieser Welt, die schon nicht mehr die ihre ist....

Leise kehrte Raquel zu dem leeren Haus zurück, während sie lernte, auf das Morgengrauen zu lauschen. Ab und an schien es ihr, sie würde neben sich ein leises, seidenes Rauschen langer

Röcke vernehmen, und sich an so viele tote Dichterinnen, Hüterinnen des Wissens und Frauen der Aufklärung, erinnernd,
lächelte sie in sich hinein.

Als Kind stand sie immer auf, wenn dieser liebliche Gesang sie weckte, um zu den Sternen zu sehen und sich an die Bank des Fensters zu setzen, das von Bäumen umgeben war, zwischen denen sie Kassiopeia, Orion zu erraten glaubte...
Das Sternbild des Schützen.
Sicher, eine Antwort zu geben auf den Ruf...
der in Astronomie bewanderten Engel?

Wenn sie das erste Mal mit einem Mann schläft, trägt Raquel ein Strumpfband, himmelblau,
oder von dem Blau einer aufgewühlten Nacht, kleiner Anker aus Spitze und Seide, der ihren Körper an das eigene Bild kettet.

Inmitten der verhassten, aufgebrachten und ihrer Seele beraubten Lust, die ihr diese Begegnungen bereiten, hatte Raquel die Gabe vergessen, den Ursprung der Unruhe zu enthüllen, inmitten der Trümmer danach zu fragen.

Mit niemandem betrügt sie Gabriel,
mit keinem anderen Mann vergisst sie ihn.

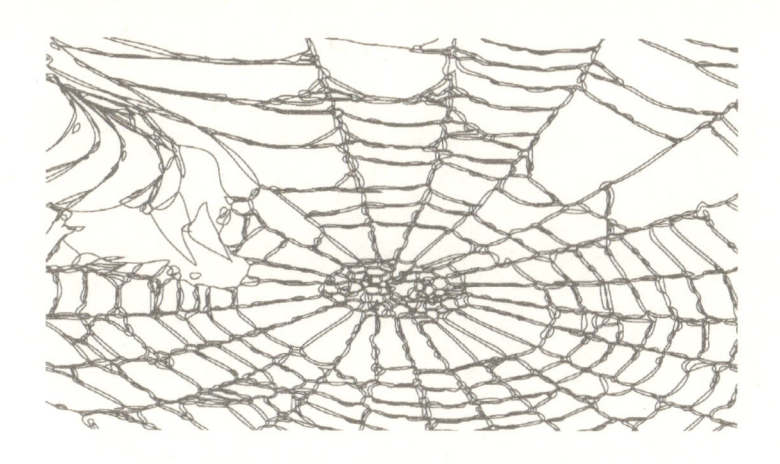

Sie aß Spinnen, als sie ein kleines Mädchen war,
Leichtigkeit eines Singvogels, der mit den Flügeln schlägt, benommen, doch verwegen genug, um bis zur Spitze der Brise emporzusteigen, scharfsinniges und mutiges Kind, das beharrlich, wenngleich vergeblich, versucht, die Gabe des Fliegens zu vergessen,

die es seit seiner Geburt vor den anderen versteckt, still und leise, und es vorzieht, für sich nur das Wort...

schweben

zu bewahren, das sie auf ewig mit Teresa von Ávila verbinden wird, deren aufgewühlten Empfindungen sie zu folgen behauptet, obwohl sie doch heimlich Therese von Lisieux liest, auf der Suche nach sich selbst, im Versuch, der Koseform des Namens zu folgen, den ihre Mutter ihr hatte geben wollen, als teilte sie ihr damit etwas zu...

das Schicksal?

Sich schon in der Freude zerstreuend, Erfindung von Winden und Versen und Giften. Befremdet über die langen Gedichte von Transzendenz und Leidenschaft, als wäre sie Kirchenlehrerin und hätte geschrieben über

Verzückung und Pracht,
        Glanz.

Als sie zuhause ankommt, ruft der Ehemann nach ihr, noch im Schatten des Eingangs, und Raquel begibt sich zu ihm, im Rausch der Leidenschaft, mit zitternden Händen und gierigen Lippen.

Noch nicht lange aus den Ruinen zurückgekehrt, in denen sie sich am Nachmittag verloren hatte, versucht sie, den Irrtum, in dem sie befangen ist, vorzutäuschen, ihr Blick mit jedem Tag blasser und leerer,

im eigenen Trugbild.

Derselbe Blick, wie wenn sie die linierten Notizhefte mit ihren Aufzeichnungen, Versen und verzerrten Erinnerungen durchblättert und das verwirrte Befremden in ihrer Brust fühlt, wenn sie sich vor ihrer unvorhersehbaren Vorstellungswelt wiederfindet,

in der sie zu fliehen gelernt hatte.

Und war es ihr am Anfang auch noch leicht gefallen, die Flucht ohne Schaden zu ignorieren, die Unkenntnis ihrer selbst, so beginnt sie doch bald, diese Leere zu fürchten, schwarzes Loch ihres Universums, in einem seltsamen Zerbröckeln der Erinnerung, worin sie versinkt, in Fehlern und Auslassungen, ohne jeglichen Schmerz, sich jedoch dem Befremden bewusst, was es bedeutet, mit der klaren Wahrnehmung der Existenz eines nebelverhangenen Raumes zu leben, aus dem sie von Zeit zu Zeit flieht, sich davonstehlend durch die Spalte, die Ritze, den Riss, durch das Bild im Spiegel,

wie Alice auf die andere Seite gelangend,

hin zu einer Parallelwelt, worin sie ebenfalls wird wohnen können, wer weiß, ob ohne Erinnerung. Wenngleich ihr jener Ort in einen dichten Nebel gehüllt zu sein scheint, der sie nicht sehen lässt,

ein Ort, an dem sie warten wird, in einem parallelen Leben, zweifach sie selbst, doppelt, scheu, oder doch schwer und träge, stolpernd und schwankenden Schrittes, bis hin zum Sturz.

Raquel windet sich in Gabriels Armen und lässt es zu, dass er sie an seine heftig schlagende Brust zieht, in einer Umarmung überbordender Liebe, der sie sich völlig hingibt, ohne je die widersprüchlichen und aufrührerischen Empfindungen zu fürchten. Sie steht vor Begierde in Flammen, als er sie nackt niederlegt, abgleitet von ihren Knien

und sie liebkost, bis sie stöhnt vor Lust.

Wenn Gabriel sie umarmt, weiß er, wann sie den Nachmittag in den Ruinen verbracht hat. Er erkennt an ihr den Geruch der antiken Steine und des Kalks, des Unkrauts, das zwischen den Trümmern wächst...

Hyoscyamus niger. Schwarzes Bilsenkraut, „Hexenkraut", aus den rostigen Löchern der Metalle, aus dem Staub der Jahrhunderte, der in ihren Locken sitzt, die er nur allzu gern um seine Finger zwirbelt.

So, als brächte er sie von weit her zu sich zurück, und es würde ihn besänftigen, ihn beruhigen. Es gibt jedoch Tage, an denen der Geruch, den er an ihr verspürt, ihn beunruhigt und ekelt. Nachgeschmack von Wucher und Schweiß, der ihn sich von ihr abwenden lässt, ohne ihr in die Augen zu sehen oder sie auf die Lippen zu küssen,

mit dem Verlangen, sie abzuweisen.

Dann verzieht sich Raquel in das Innere des Hauses und flüchtet sich in ein Buch, Augen von klarer Reinheit, zerschlagen von einem Missverständnis ohne Reue, was ihn wütend werden lässt, ohne einen anderen Grund als den, sie so besänftigt und vollkommen, wenn auch ebenso betäubt und abwesend zu spüren. Doch wenn er sie fragt, wo sie an jenem Nachmittag gewesen sei, antwortet sie ihm lediglich, ausweichend und ruhig

– Ich war bei den Ausgrabungen.

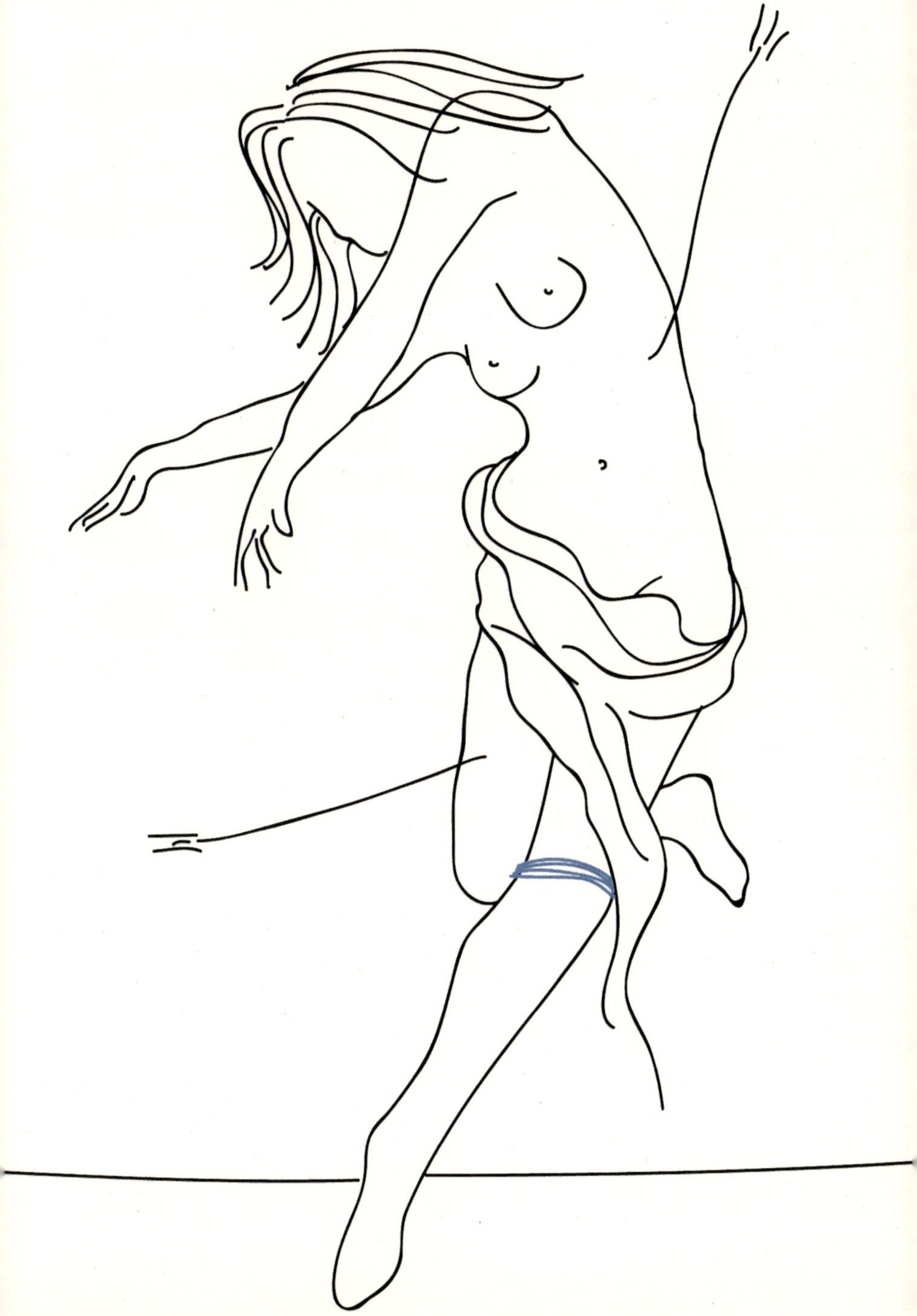

Und er wendet sich wortlos ab, ohne sie weiter atmen zu wollen.

Wenn sie das erste Mal mit einem Mann schläft, trägt Raquel ein Strumpfband

zartblau, zugleich begierig und kraftlos, schwindsüchtig und strahlend.

Himmelblau, blutleer,

Strumpfband aus zarter Spitze, mit einem empfindlichen Bleiglasglanz um die Nacktheit des Schenkels, bedeckt vom dumpfen Glanz der gläsernen Strümpfe,

sie hinabstürzend in die Wechselfälle der Zeit und der widersprüchlichen Gefühle bis zu *Gilda*, dem Film, den sie während einer Matinee am späten Nachmittag im „Politeama" gesehen hatte, als sie ihrer Mutter als Alibi diente, ein treues Abbild des Verhängnisvollen, das die Rolle von Rita Hayworth perfekt verkörperte.

Schutzloses Mädchen, ganz klein noch, wie sie auf dem Mantel der Mutter saß, den diese dreifach zusammenlegte, damit sie die Leinwand über der Lehne des Vordersitzes sehen konnte, gefangen in den Bildern, die sich vor ihr abspielten, ein gutwilliges Kind, vergessen im fremden Halbdunkel aus unwiderstehlichen Worten einer unbekannten Sprache, die sie nicht verstand, die sie zum Erfinden und zum Stillsein verführte, während die Mutter Reihen dahinter in dem fast leeren Kino in ihrer eigenen Traumwelt war, wer weiß, ob mit Glenn Ford, Clark Gable, Humphrey Bogart oder Cary Grant... Damals schon hatte sich Raquel jedoch geweigert, sich umzudrehen, um sie im Halbdunkel des Saals zu erspähen und sich damit die Angst vor der Einsamkeit und Verlassenheit einzugestehen.

Und wenn die Männer, mit denen sie nur einmal ins Bett geht, sie nehmen und glauben, sie zu besitzen, heuchelt sie wenig überzeugend eine Zerbrechlichkeit, die sie sich nie erlauben würde,

dann ist sie auf ihre Art die Lady von Shanghai,
auf ihre Art Gilda,
auf ihre Art Virginia, auf ihre Art Sylvia, auf ihre Art Vita...
Auf ihre Art auch Scarlett O'Hara...

Und während sie es vermeiden, ihr in die Tiefe der himmelblauen Augen zu blicken, ziehen sie sie ganz langsam aus, und wenn sie sie preisgeben und laut den Rhythmus der Leidenschaft und der Zügellosigkeit erflehen, merken sie nicht, dass sie für sich selbst, wie in einem Ritual,

eine der Hymnen wiederholt, die Hildegard von Bingen im 12. Jahrhundert niederschrieb:

«Oh, du purpurnes Blut,
das aus der Höhe herabgeflossen ist,
welche Gott berührt hat.
Du bist die Blüte,
der das eiskalte Zischen der Schlange nichts anhaben kann.»

So die Hingabe beschwörend.

Sie aß Spinnen, als sie ein kleines Mädchen war,
bleich und fügsam, blaue Augen eines hinter den Abwegen der Erlösung verschwundenen Himmels, Kind des Argwohns und der Bitterkeit, fast ohne jede Nahrung. Manchmal versuchte sie ein paar Beeren, rote Früchte, sauer, bitter, mit einem undefinierbaren Geschmack nach Regen und Windströmungen...
Zephir?
Sie begann, Spinnen zu essen
im zugewucherten Rosengarten hinter dem Haus, als hätten sie gleich den ganzen Glanz, jene Farbenpracht, Aromen und feuchtwarmen Gerüche verdecken wollen in einer Verwachsung aus roten und purpurnen Rosen, stacheligen und lyrischen Rosen von einem Goldgelb, purpur gefärbt wie der Mantel des Herrn auf dem Kreuzweg.

Rosen von der undefinierbaren Farbe der Schleier der heiligen Märtyrer.
Erschöpfte Rosen von so tiefer Farbe und Schattierung. Flammend leuchtende Rosen, taubenfarbene, leicht ins Lila gehende vielblättrige Rosen, eingerollt an den gebogenen und schroffen

Spitzen. Kurze Rosen, die wie kleine Tierchen zappeln, die zu unseren Füßen niedergefallen sind.

Schwindsüchtige und romantische Rosen, schillernd in dem blutfarbenen Licht der langsamen Dämmerungen, in einem wilden Rosengarten, gleich hinter dem Haus, blühend zwischen den verlassenen Wegen und Pfaden, die nahe bei dem See münden, wo ihre vielen Wurzeln einen ewigen Durst stillen.

Sie aß Spinnen, als sie ein kleines Mädchen war,
Spinnen aus dem undurchdringlichen Rosengarten, den sie seit der Geburt kennt,
in einem Taumel aus Dornen, spitzen Stacheln und Widerhaken, kleine dünne stachelige und bedrohliche Krallen, unerbittliche Wächter, die so viel gierige Schönheit der Rosen bewachen, welche ihrerseits untereinander die fleißigen, schlauen Spinnen beschützen, kleine webende Penelopes, hinaufkletternd und sich herablassend an den glitzernden Fäden aus dem eigenen durchscheinenden Speichel.

Spinnen, durchsichtig wie Geister oder wunderliche Phantasien, webende Spinnen des Rosengartens, wohin nur sie, so klein und zart, gelangt, indem sie sich seitwärts in seiner Enge vorwärtsbewegte, die vom Mondlicht beleuchteten oder beschwerten Rosen streifend, zwischen den unruhigen und aufständischen Rosen hindurch, die ineinander verknäult waren und von einem Blutrot wie durch Peitschenhiebe und das Feuer.

Damaszener Rosen von einem begeisternden und in Ohnmacht stürzenden
Rosa,
werden es sein, zwischen deren Blütenblättern aus Atlashaut sie die erste Spinne auflesen und mit dem Widerwillen und der Neugier einer kleinen unbarmherzigen Fledermaus kosten wird.

Dem folgte ihre Entdeckung der Kletterrosen, die die Wände zur Straßenseite hochkletterten und geradewegs die Pergola entlangwanderten, die Spaliersäulen, die unter den Pollen erstickten, im Rosenstaub, der im letzten Sonnenlicht herabrieselte, in einem Flüstern der ungestümen blautürkisen Rosen, die die kurzen Durchgänge mit Gewölben aus Rosenknospen in Paradiese verwandelten, Knospen, die von der anbrechenden Dunkelheit noch gelähmt und feucht waren,

    geschwächt und unschlüssig.

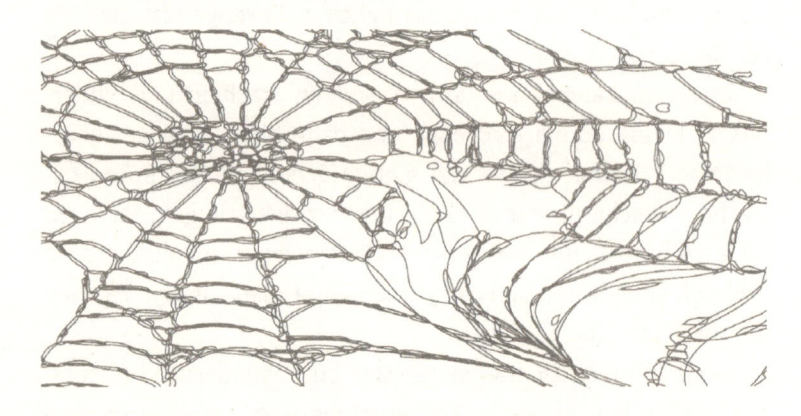

Sie aß Spinnen, als sie ein kleines Mädchen war,
aufgelesen im Labyrinth der Rosen, in das allein sie gelangte, winzig, schwach und zart, sich unversehrt davonstehlend durch die Enge der in sich verknäulten Blütenblätter, der dürren Äste und verdorrten Stämme und der ineinander verflochtenen Stängel, Zweige und Hölzer.

Schwindelig von dem umherwirbelnden Wohlgeruch wirrer Düfte, Spaliere von Gerüchen, die einander verfehlen, Spaliere, deren Tau sie benommen macht,

    fassungslos vor so viel Schönheit,
    kopflos.

Raquel weiß, dass es sie immer dorthin ziehen wird, wo Ausgrabungen sind, um in den Ruinen wer weiß was von ihr selbst zu suchen, in dem hartnäckigen Eigensinn, eine Erklärung für ihr Leben zu finden,
aus der tiefsten Dunkelheit hervortretend,
aus dem Inneren der Erde zu ihr kommend, als wäre es ein Zischen, ein verborgenes Brüllen zwischen zerbröckelten Steinen und eingestürzten Dächern, niedergerissenen Wänden, uraltem losem Geröll, von den Jahren in die Erde eingegraben, als hätten sie dort inzwischen Wurzeln geschlagen.
Dorthin, sich Grabsteinplatten vorstellend, wo nur die vergessene Spur der Reste einer weiteren der vielen Tragödie existiert, die im Verlauf der Jahrhunderte die Erde heimsuchten und sie veränderten und uns auf ihre unerbittliche Art prägten.
Unbekannt mit sich selbst, fremd, ein umherirrendes Wesen, eine Ausgestoßene, endlos umherstreifend, entlang der Intimitäten und Feuchtigkeit, die zwischen dem Abraum ausschwitzen, sich bewusst, dass dies nicht der Ort war, an dem die Erinnerung der Menschen sich lange aufhielt,
die sich weiterhin erlauben zu vergessen, die Schreie und die Klagen ebensowohl wie das Glück und das unmerkliche Lächeln; und die unterdessen vor allem die Unglücke, die Tragödien, das

Leiden all derer bevorzugen, die vergeblich weiterhinzu fliehen versuchen, zwischen den Erschütterungen der Geschichte hindurch, die offenen Risse unter den Füßen derer, die entlang ihrer langlebigen, kurzen, kleinen Existenz wandeln... Die alles zerstörenden Katastrophen, die hervortreten aus den Übelkeit erregenden Gewässern der unermesslichen Zeit, die alles losreißt, alles zerbricht und in Besitz nimmt, in einem räuberischen Gedächtnisschwund. Alles zusammenraffend, in ihrem zerstörerischen Lauf.

Als wäre es beständig das Ende der Welt.

Manchmal aber stellt Raquel sich noch immer vor, die Engel würden ihr erscheinen, sie einberufend,

ihr ihre blitzenden und von den schmalen, ganz dünnen Hüften losgerissenen Schwerter zeigend, im Befördern von Düften und Gluten in der Maskierung des Lebens.

Engel von strengem Ausdruck, die sie trocken anstarren.

Weißer Blick des Erzengels...

Violette, violettblaue Augen.

Unzählige Male hört sie *Madame Butterfly*,
    und verwirrt

legt Raquel *India Song* auf das polierte Holz des alten Tisches, auf dem sie Gedichte zu schreiben pflegt.
   Und nur da erst zaudert
   ihre Hand.

Aus dem Portugiesischen von Ângela Maria Pereira Nunes, Cornelia Sieber und Yvonne Hendrich.

Maria Teresa Horta, geboren 1937 in Lissabon, ist eine portugiesische Schriftstellerin, Dichterin und Journalistin. Sie studierte an der Faculdade de Letras der Universität Lissabon. 1960 veröffentlichte sie ihren ersten Gedichtband. Gemeinsam mit Maria Isabel Barreno und Maria Velho da Costa veröffentlichte sie 1972 den feministischen Briefroman *Neue Portugiesische Briefe*, der in Portugals patriarchalisch geprägter Gesellschaft einen Skandal auslöste und durch den die drei Autorinnen als die „Drei Marias" berühmt wurden. Sie wurde auf offener Straße geschlagen und vor Gericht gestellt. In ihren Werken stehen die Sinnlichkeit des weiblichen Körpers und der selbstbewusste Umgang mit der weiblichen Identität im Mittelpunkt. Diese Geschichte ist autobiographisch.

Ângela Maria Pereira Nunes, Jahrgang 1967, ist in Portugal geboren und aufgewachsen. Sie ist promovierte wissenschaftliche Mitarbeiterin und Studienfachbeauftragte für Portugiesisch am Fachbereich Translations-, Sprach- und Kulturwissenschaft der Johannes Gutenberg-Universität Mainz in Germersheim und Diplom-Übersetzerin. Studiert hat sie an der Universidade de Coimbra (Portugiesisch/ Englisch), der Universität Mainz/Germersheim (Deutsch als Fremdsprache/ Niederländisch/Englisch) sowie der Universidade de Trás-os-Montes e Alto Douro (Portugiesisch). Seit 1996 lehrt sie an verschiedenen Universitäten (Portugal und Deutschland). 2002 promovierte sie in interkultureller Germanistik zum

Thema *Vergangenheitsbewältigung im interkulturellen Transfer: zur Aufarbeitung europäischer Geschichte in José Saramagos „O Ano da Morte de Ricardo Reis"*. Sie forscht und lehrt mit Schwerpunkt im literarischen, (trans)kulturellen und (trans)medialen Übersetzen.

Cornelia Sieber studierte Hispanistik und Afrikanistik an der Universität Leipzig. 2003 promovierte sie mit einer Arbeit über Postmoderne/postkoloniale Strategien in neueren Lateinamerikadiskursen, 2009 habilitierte sie sich zum Thema Remodulationen im Eigenbild im Zuge der portugiesischen Expansion. Seit 2011 ist sie Professorin für Spanische und Portugiesische Kulturwissenschaft unter Berücksichtigung der Lateinamerikanistik am FTSK Germersheim der Johannes Gutenberg-Universität Mainz und Leiterin des kultur- und translationswissenschaftlichen Forschungszentrums CELTRA. Ihre Lehr- und Forschungsschwerpunkte sind historische und aktuelle Fremd- und Selbstbilder auf der Iberischen Halbinsel und in Lateinamerika, Genderstrukturen, Migrations- und transkulturelle Dynamiken.

Yvonne Hendrich, geboren 1977 in Worms, ist seit 2009 Lehrkraft für besondere Aufgaben für Portugiesisch (Sprachpraxis, Literatur- und Kulturwissenschaft) an der Johannes Gutenberg-Universität Mainz. Sie studierte Geschichte, Portugiesisch und Germanistik an der JGU Mainz und der Universidade Nova de Lisboa. 2006 promovierte sie in Geschichte zum Thema *Valentim Fernandes - Ein deutscher Buchdrucker in Portugal um die Wende vom 15. zum 16. Jh. und sein Umkreis*. Ihre Interessens- und Forschungsschwerpunkte sind Migration und Identitätsdiskurse in der lusophonen Welt, die historiographische Metafiktion in der portugiesischen Literatur sowie die deutsch-portugiesischen Beziehungen seit dem 15. Jh.

dunkelblau

Raquel Freire

ULISSEIA

•

Ich erwachte mit einem Gefühl, nie wieder schlafen zu können. Öffnete die Augen. Eine ungewöhnliche Stille färbte die Morgendämmerung bläulich.
Ich sah mich.
Verließ meinen Körper und sah mich von außen, immer wieder.
Sie sah sich.
Wollte in sich bleiben, sie sein, sich wie sie verhalten, was ihr immer weniger gelang.
Sie misslang sich mit jedem Mal mehr.
Ich kehrte durch die bläuliche Stille zu mir zurück.
Ich sah mich.
Stand auf, durchlief alle Zimmer meiner Wohnung.
Es war leer. Im Kinderzimmer war das Bett gemacht, alles ordentlich. Als hätte dort nie ein Kind geschlafen. Als hätte es nie existiert.
Ich suchte mein Handy. Alles war in meinem Handy: Uhr, Nachrichten voller Liebe, voller Hass, oder inhaltslos, Terminkalender, Notizen, Kontakte, Fotos, Musik, Internet, die Verbindung zur Welt. Es war weg.
Ich ging auf den Balkon, Lissabon, die Stadt, die erschaffen worden war, um die Menschen glücklich zu machen, erwachte in einer Stille, die immer blauer wurde.
Ich suchte meinen Computer. Nichts. Rannte ins Wohnzimmer. Das Festnetz. Die Kindheit. Das Festnetztelefon. Nichts

war mehr da. Nicht einmal die Anschlüsse. Als ob ich mir die Welt, in der ich lebte, nur eingebildet hätte.

Ich sah mich.

Zog mich an und machte mich fertig, um nach draußen zu gehen, was ist passiert, warum ist mein Sohn nicht hier, warum ist das Handy verschwunden, das Festnetz, der Computer, warum ist alles nur so blau? Wo sind all die Menschen hin?

Vom Balkon meines Zimmers aus sehe ich Lissabon in einem solchen Blau erwachen, dass es schmerzt,

– «Es ist Lissabon, das erwacht»... B Fachada singt das Lied von Sérgio Godinho mit einem Glas Rotwein, in Schwarz und Weiß, wie in den Filmen, in der Musicbox in meinem Kopf.

Ich verlasse die Wohnung, muss jemanden finden, den ich kenne, der weiß, was hier passiert. Renne die Treppen hinunter, noch nie hat mich die blaue Stille so sehr erdrückt.

Die Straße ist wie leergefegt. Ich laufe ins Zentrum. Überall sind Menschen in der Stadt, die gehen, reden, sich bewegen, Menschen, die aussehen wie vorher, aber sie sehen mich nicht.

Ich sehe mich.

Inmitten vieler Menschen sehe ich mich, ich suche nach einem Menschen, der noch Mensch ist, der mich sehen kann, der keine als Mensch verkleidete produktive Maschine ist. Diese Menschen auf den Straßen sind nicht länger Menschen-Menschen, es sind Sklaven-Menschen, aber das wissen sie nicht, sie hatten keinen Zugang zu Bildung, zu Informationen, sie haben nicht gelernt zu denken, kritisch zu hinterfragen, sie wurden durch die Propaganda der Angst gedrillt, sie glauben an alles, was im Fernsehen gesagt wird, was die Regierungen sagen, die Macht, welche Form diese auch hat und wie subtil sie auch sei.

Ich muss meinen Sohn finden. Nicht weinen. Ich darf nicht.

Ich sehe mich.

Ich sehe mich aus der Masse hervorstechen. Unruhig, mit jähen Bewegungen und entschlossenem Gang. Ich suche meinen Bruder, die Freunde meines Bruders, sie sind Ärzte, sie müssen wissen, was hier passiert. Ärzte wissen so etwas immer, in Kristallnächten sind Ärzte unabdingbar.

Die Ärzte müssten im Zentralkrankenhaus sein. Ich marschiere dorthin.

Lissabon ist blauer als jemals zuvor.

Ich werde langsamer, als ich den Eingang des São José Krankenhauses erblicke, an der Tür stehen dunkelblaue Wachen, eine Art Polizei, sie tragen allerdings keine Polizeimarke mit Namen. Unauffällig schaue ich einem in die Augen, hoffnungsvoll. Er sieht mich nicht, er ist nicht in der Lage, mir in die Augen zu blicken, mich zu fragen, wer ich bin, warum ich auf der Suche nach meinem Sohn bin und nach all den Menschen, die verschwunden sind, er ist kein Mensch-Mensch mehr, er hat sich bereits in einen Sklaven-Menschen verwandelt. Das kommt immer häufiger bei den Ordnungskräften des politischen Systems vor. Es ist fast unmöglich geworden, Mensch-Menschen unter ihnen zu finden, wenn sie uns verfolgen und mit Knüppeln und Tränengas attackieren, wenn sie ihre Hunde auf uns hetzen, jedes Mal, wenn wir auf die Straße gehen, um uns über die Lebensbedingungen der Mensch-Menschen zu beschweren, wie schon bei Malraux. Wir sind jedes Mal weniger. Gewalt, gut eingesetzt und kombiniert mit Propaganda und Leid, stumpft ab und entmenschlicht, hat meine alte Taufpatin mir vor ihrem Ableben gesagt, lernen, lernen und nochmals lernen, Lenin war schlau wie ein Fuchs, mit seinem frechen Schnauzbärtchen.

Ich zwinge mich dazu weiter zu marschieren, muss mich unauffällig bewegen, wie die anderen, gleichmäßig, ohne die Hüften zu schwingen, das ist jetzt so, wir müssen alle gleich wirken, niemand kann von der Norm abweichen, niemand darf sehr traurig oder sehr glücklich sein, sehr aufgeregt oder deprimiert. Keinerlei Kontrollverlust ist erlaubt. Die Medizin hat alles kuriert, von Kindheit an wird jedes kleinste Anzeichen von Andersartigkeit pathologisiert, psychiatrisiert, als Krankheit diagnostiziert, es kommt in die Grundlagenwerke der Psychiatrie, eine Kommission aus Spezialisten wird gebildet, die den Menschen im Fernsehen, im Radio, in der Presse und auf kontrollierten Internetseiten erklären, warum es sich um eine Krankheit handelt und warum Kinder diese Tabletten jeden Morgen nehmen sollen, das ist alles nur zu ihrem Besten, damit sie normal bleiben. Letztendlich ist dies doch alles, was Familien von ihren Kindern erwarten, dass sie normal sind, wie kann man nur Menschen verurteilen, die sich davon täuschen ließen und zu Henkern ihrer eigenen Kinder wurden.

Ich sehe mich.

Wie ich mir vormache, normal zu sein. Als Sklaven-Mensch. Ich marschiere los, die Augen gesenkt, die Schultern hängend, den Mund verschlossen. Um mich herum laufen alle Menschen wie dunkelblaue Soldaten. Ich sehe ihre Handgelenke, gefangen durch neue unsichtbare Handschellen, durchsichtige Knebel in den Mündern, die Herzen verschlossen.

Meine Tarnung ist schlecht. Einer der dunkelblauen Wächter des Krankenhauses dreht seinen Kopf in meine Richtung. Er spürte meine Unruhe, dafür werden sie ausgebildet.

Ich sehe mich, wie ich mich konzentriere, um vorzutäuschen normal zu sein. Sehe mich, wie es mir gelingt. Die Wache richtet den Blick wieder auf die Straße. Ich gehe durch die Eingangstüren, beginne meinen Bruder zu suchen, irgendjemanden, den ich kenne. Ich durchlaufe Hallen, alles wirkt ruhig, so ruhig... sehr befremdlich. Noch nie habe ich das Krankenhaus so ruhig gesehen. Niemand rennt, es gibt keine Notfälle, keine Krankenwagen, keine Schreie, keine Kranken. Das Krankenhaus ist riesig, an jeder Ecke gibt es dunkelblaue Wachen, ich entdecke sie sofort, ich täusche mir vor, normal zu sein, und gehe an ihnen vorbei, schaue mich auf den Stationen um, dort scheint alles perfekt zu funktionieren, wie in einer Fabrik, ich bin aber im Zentralkrankenhaus, was passiert hier?

In der Ferne sehe ich eine Gruppe Kinder, marschiere zu ihnen. Ein stechender, bekannter Schmerz, aus dem Tiefsten meiner Seele, durchfährt mich und beginnt mich zu ersticken. Ich kenne ihn. Ich fühle mit den Menschen, wenn ich an einem Ort bin, an dem Menschen leiden, bin wie ein Schwamm, beginne ihre Schmerzen in mir zu spüren, einige sagen, es ist eine christliche Erfahrung, mystisch, sagen andere, das ist mein Wesen, sage ich. Aus diesem Grund ist ein Krankenhaus, seit ich denken kann, für mich die Hölle, kaum bin ich in einem, fühle ich die Schmerzen der anderen Menschen, die um mich herum leiden, ich fühle mich jetzt schlechter als vorher, all meine Energie brauche ich, um sie zu trösten, es gibt aber auch Menschen, die sterben, und dieser schmerzhafte Abschied ist nicht leicht zu ertragen, selbst wenn ich weiß, dass ich den Schmerz anderer Menschen fühle, blute ich.

Mein Bruder, wo bist du? Freunde, Weggefährtx? Wo sind alle, die ich kenne? Wie konnten alle in einer Nacht verschwinden?

Ich sehe mich, wie ich mich den Kindern leise nähere, versuche, ein bekanntes Gesicht zu erkennen, wo bist du, mein Sohn?

Tränen, ich spüre sie, nein, ich darf nicht zulassen, dass sie mir in die Augen steigen, es ist lebensnotwendig, in der Öffentlichkeit nicht zu weinen, dies ist verdächtig und ich darf jetzt nicht auffallen, muss meinen Sohn finden.

Die Kinder wirken seltsam normal. Sie sind nicht krank. Sie verlassen im Gänsemarsch einen dieser alten, rechtwinkligen

Räume im Erdgeschoss, der an Feldlazarette, die ich aus Filmen kenne, erinnert.

Was machen diese Kinder hier?

Ich erkenne nicht eines, und doch könnte jedes einzelne von ihnen mein Sohn sein. Der Schmerz in meiner Brust wird stärker, etwas ist hier grundlegend falsch.

Ich spüre eine vertraute Gegenwart hinter mir, eine Stimme flüstert mir zu.

– Verschwinde von hier. Versteck dich in den Bergen. Sie haben uns alle erwischt. Nur du bist übrig geblieben. Die dunkelblaue Wache, die dir die Unterschrift für deine... das interessiert jetzt nicht. Täusche vor, normal zu sein, und flieh.

– Ich blicke zurück und erkenne João, einen Freund, spüre die Tränen erneut, endlich jemand! João, João, für einen Moment vergesse ich, dass ich normal erscheinen muss, und gehe auf ihn zu, um ihn zu umarmen, und dann sehe ich mich. Ich umarme die Luft.

– In die Berge?

– «‹Jenseits des Marão-Gebirges haben diejenigen, die dort wohnen, das Sagen›», wie meine alte Taufpatin zu sagen pflegte, ich werde zu den Wurzeln zurückkehren, zum Fluss Douro, nach Trás-os-Montes, ja, jenseits des Marão-Gebirge haben diejenigen, die dort wohnen, das Sagen.

Ich sehe mich. Im Hof des Lissabonner Zentralkrankenhauses die Luft umarmend. João steht nicht vor mir, er ist ein Geist, meine Einbildung. Sehe nur ich ihn? Und er mich? João versucht zu lächeln, obwohl man seine grünen Prophetenaugen inmitten der schwarzen Augenringe kaum sieht. João zeigt nie seine Gefühle, nicht weil er keine hat, sondern weil sie zu stark sind, er hat gelernt, sie zu verstecken, um zu überleben.

– Sie kamen mitten in der Nacht und holten uns aus dem Haus. Alle wurden hier in den Korridoren beseitigt. Es war ein bis ins kleinste Detail geplanter Genozid. Die Kinder, die du siehst, sind längst tot. Ich bin schon tot. Flieh, Maria, rette dich. Geh und sieh nicht hinter dich.

Ich versuche mit aller Kraft, die Panik zu unterdrücken, die mich überkommt, und sage,

– Ich kann dich nicht hier lassen, komm mit mir, weißt du etwas von meinem Sohn?

– Ich bin schon längst nicht mehr hier. Ich leide nicht mehr. Von deinem Sohn weiß ich nichts, nur, dass er nicht hier ist. Sie müssen ihn zu einem Spezialprogramm gebracht haben, sie verwahren die besonders intelligenten Kinder. Er ist gesund und hat blaue Augen, vielleicht wurde er adoptiert...

Noch nie war Lissabon so blau.

Ich sah mich in den vergangenen Jahren. Manchmal dachte ich noch, dass ich einen Alptraum durchlebte. Dass ich eines Tages aufwachen würde und alles ein Alptraum gewesen war.

– Anklage der jungen zensierten Seelen, singt Natália Correia hemmungslos in der Musicbox in meinem Kopf, das Lied vermischt sich dann mit dem Alptraum der letzten Nacht, einer mehr, die Erinnerung kehrt mit drastischer Deutlichkeit zurück. Ich träumte, dass eine Regierung von der Europäischen Zentralbank, von Deutschland und Frankreich ernannt wurde, der Präsident hatte im Fernsehen gesagt, dass alles zum Wohlergehen der Portugiesen sei, wie er das immer tat, der Präsident hat das Land längst an die Banken verkauft, die letzte Fassade der Demokratie war gefallen, eine neue Form der Diktatur herrschte in Europa.

Zuerst schmerzte es. Die Angriffe waren verletzend, als sie von denen kamen, die die gleichen Ideale der sozialen Gerechtigkeit verteidigten. Von denen, die zum System gehörten und glaubten, alles wäre noch in Ordnung und sie hätten mit ihren Abgeordneten eines Tages genug Stimmen, um selbst regieren zu können und den Niedergang der Zivilisation aufzuhalten, den wir erleben, sie würden dann die Demokratie wiederherstellen, wo sie beschädigt war, die Privilegien jedoch beibehalten. Sie bemerkten nicht, dass es «das Schweigen» und die Feigheit der Guten waren, was uns in diese Situation geführt hat, ich weiß, dass Martin Luther King religiös war, aber dies war nicht die Zeit für sektiererisches Verhalten.

Die Schreie der Revolution überkommen mich, «Nie wieder Faschismus!». Es war der Schwanengesang der Menschen, die von einem Nicht-Menschen aus ihren Häusern geworfen wurden, der es bis zum Präsidenten des portugiesischen Parlaments geschafft hat. Hitler wurde auch gewählt, schrieb ich tausend Mal. Als dem Volk verboten wurde, das Haus des Volkes zu betreten, um den Sitzungen des Parlaments beizuwohnen, blieben die Abgeordneten der Linken weiter dort. Als ich sie kritisierte, attackierten sie mich. Waren sie nicht in der Lage zu verstehen, was passierte, oder konnten sie ihre autoritäre Kultur nicht verändern? Wie konnten sie die Gefahr nicht erkennen?

– Die Banalisierung des Bösen, Hannah, hörst du mich?

Das war der Moment, in dem sich die Spreu vom Weizen trennte. Das Sektierertum beherrschte alles, die Macht siegte, das alte machiavellistische Prinzip des Teilens, um zu herrschen, funktionierte wieder, wie im Spanischen Bürgerkrieg, das letzte Mal, als progressive Kräfte in diesem europäischen Bordell zu den Waffen griffen.

Die Freunde fingen an, über Bomben zu reden.

Ich sehe mich.

Ich gehe, verlasse das Krankenhaus, folge einem Gässchen, kenne die finstersten Ecken der Stadt, meide Straßen mit dunkelblauen Wachen. Wie könnte ich fliehen und meinen Sohn im Stich lassen? Ich muss ihn finden. Wer ist der mächtigste Mann, den ich kenne und der mir helfen will und kann? Ja, ein

Mann, wenn es um die Macht geht, bleibt die Bio-Macht bestehen, Frauen sind lediglich Marionetten für ihr Vergnügen. Ich muss zum Sitz der Macht, es gibt einen Minister, mit dem ich zusammen studiert habe, er hat nie eine Klausur bestanden, schloss sich der Jugend einer rechten Partei an, innerhalb kürzester Zeit war er Vorsitzender des Saftladens und bevor er dreißig wurde, war er bereits Abgeordneter, mit dreißig Minister, seinen Abschluss kaufte er sich an einer dieser Universitäten, die von der Autokratie gegründet wurden, um ihren Aufsehern Glaubwürdigkeit zu verleihen. Er mochte mich, als wir Studenten waren, er wird mir zuhören, ich möchte nur meinen Sohn retten und danach verschwinden wir.

Ich komme bis zum Terreiro do Paço, sehe dunkelblaue Wachen, gepanzerte Fahrzeuge, hier bin ich richtig. Ich betrachte mich in einem Schaufenster, ja, ich sehe noch aus, als wäre ich eine von ihnen, da merkt man die Privilegien, wenn man in einer bourgeoisen Familie aufgewachsen ist, blaue Augen, ein gesunder und sportlicher Körper, makellose Zähne, keine Karies, glattes, langes Haar, Hände einer Klavierspielerin, keine Hornhaut, perfekt manikürte Nägel, zarte Haut, jemand, der zur Elite gehört, dem schon vor Generationen ein Leben mit Rechten erkauft wurde, das exquisite Kleid der Großmutter, das sehr gut erhalten ist, selbstbewusste Haltung, bei der sich Unsicherheit noch nicht bemerkbar macht.

Ich sehe mich jetzt, wie ich mich im Schaufenster sehe. Die Biologie hilft immer dxn Stärkeren, deswegen bin ich anti-essentialistisch.

Ich fasse neuen Mut, unverfroren und arrogant gehe ich auf einen der Haupteingänge zu, als wäre es mein Zuhause. Ich ignoriere selbst die dunkelblauen Wachen, will ins Gebäude, gehe unerschrocken, schön und bestimmt. Ich betrete das Nebengebäude eines Ministeriums, die dunkelblauen Polizisten grüßen mich, als würde ich dort arbeiten.

Vor mir ein Treppenhaus, es erwartet mich, ich wende mich nach links, folge einem Korridor, danach einem weiteren, finde die Treppe für die Mitarbeiter und gehe bis in den letzten Stock, die Macht liebt es, an der Spitze zu sein.

– Scheiß auf die Angst, scheiß auf die Angst, scheiß auf die Angst!, wiederhole ich in der Musicbox in meinem Kopf, ich öffne die Tür und trete ein. Vom hinteren Teil des Raumes nähert sich eine Gruppe Männer, eskortiert von dunkelblauen Wachen. Ich kann unter ihnen meinen ehemaligen Kommilitonen gerade noch ausmachen. Ich gehe zum Fenster, verstecke mich hinter einer Säule, an einem strategischen Punkt, damit er mich beim Vorbeilaufen sieht.

Plötzlich spüre ich, dass ich an einem Nicht-Ort mit Nicht-Menschen bin. Eine neue Lebensform, die sich vermehrt, sie sind anders als Sklaven-Menschen, die Nicht-Menschen könnten Mensch-Menschen sein, aber sie entscheiden sich bewusst, Nicht-Menschen zu sein. Er wird mir doch nicht helfen, das spüre ich, ich muss fliehen, schnell.

Zu spät, der Minister, mein ehemaliger Kommilitone, sieht mich. Ohne ein Anzeichen emotionaler Regung befiehlt er,

– Bringt diese Frau zu einem der Sonderfahrzeuge.

Als sie mich berühren, spüre ich den Stich einer dünnen und kalten Nadel. Die Droge, die sie mir verabreichen, ist blau. Ich verliere mich, verliere mein Selbst.

Sie bringen mich fort.

Es ist alles dermaßen blau, dass ich Schwierigkeiten habe, klar zu sehen.

Ich kann mich nicht sehen. Zum ersten Mal in meinem Leben kann ich mich nicht sehen.

Ich werde in einen Kleintransporter gesteckt, danach in einen Zug, nichts ergibt mehr Sinn, wie bin ich hierhergekommen, was ist das, ich habe natürlich viel über die «Kristallnacht», den Zweiten Weltkrieg gelesen, und jetzt?

– *In allem, was wir schon waren, steckt, was wir sein werden!* schreit der Protestsänger Zé Mário Branco, der meine Musicbox belegt, die mein Kopf sein soll, «*Aber ist es angebracht zu fragen, wie wir hierhergekommen sind?*» und Bernardo Zaceto spielt im Himmel Klavier, blauer Bernardo, blaues Meer, blauer Himmel, blaue Musik. Wie auf Erden, so im Himmel. Die Menschen verlassen uns nie, leben in unterschiedlichen Zeiten, manchmal parallel zueinander, synchron, harmonisch, oder auch nicht, alles verändert sich, alles und alle.

Ich kann mich nicht sehen, aber ich kann mich noch hören, bis eine dunkelblaue Stille alles auslöscht.

Meine Intuition war richtig, als ich aufwachte: ich werde nie wieder schlafen können.

Ich versuche zu zählen, 1,2,3,4,5,6,7,8,9,10,11,12,13... eine Technik, die ich von den Insassen des Konzentrationslagers Tarrafal bei meinem ersten Film lernte, dem „Lager des langsamen Todes". Verliere dich nie selbst. Gestalte deine Zeit. Bleib bei Verstand, Scheiße. Ich muss meinen Sohn retten. Ich finde ihn, wir fliehen in die Berge und fangen ganz neu an.

Eine dunkelblaue Wache öffnet die Tür und gibt mir Befehle auf Deutsch. Sie bringen mich zu einem großen Haus. Sie sagen mir, dass ich dienen werde.

Ich sehe mich.

Ich bin in einem Keller. Sie ziehen mich aus. Sie stellen mich an eine Wand und spritzen mich mit einem Schlauch ab, ich bin nicht dreckig, der Dreck klebt an euch, nicht an mir, ich bin noch ein Kind, das Mutter eines anderen Kindes ist, das an Liebe glaubt.

Eine dunkelblaue Wache legt mir Handschellen an, knebelt mich, sie nimmt eine Bürste und reibt meine Haut ab, es brennt, schmerzt, ich weine, sie wäscht mich mit Lauge, der Schmerz ist unerträglich, ich bin braun, eine Mestizin, aus dem Süden, die Lauge verbrennt meine ganze Haut, ich bin lebendes Fleisch, es bleibt nichts von meiner Haut übrig, von mir, bleibt überhaupt etwas?

Danach kommen noch mehr Wachen, schieben mir metallische Gegenstände ins Geschlecht, in den Arsch, sie töten mich von innen, als ich die glühende Eisenstange sehe, mit der sie mich pfählen wollen, werde ich ohnmächtig, vor Schreck, noch bevor ich den Schmerz spüre. Gesegnet sei die Fantasie, denke ich, bevor ich ohnmächtig werde, der Widerstand ist für die Künstler, die sich selbst verlassen, um das alles zu überleben.

Ich kehre zu mir zurück.

Ich sehe mich. Kann mich wieder sehen.

Allein bediene ich in einer Villa die Machthaber eines Konzentrationslagers, ohne etwas von meinem Sohn zu wissen oder von irgendjemandem, mit kahl geschorenem Kopf, 45 Kilo, ohne jegliches Zeitgefühl.

Über Jahre hinweg? Ich beherrsche die Grundlagen, um überleben zu können. Sie haben mich sterilisiert, nichts Neues, dieses sich demokratisch nennende System hatte dies schon mit Transsexuellen getan, ich bin eine Sklavin, ich befriedige alle Bedürfnisse der mächtigen Männer, die kleinste emotionale Regung wird mit dem Tode bestraft. Wie lächerlich es scheint, dass ich mich einsam fühlte, als ich noch meine Freunde hatte und meine Familie, mein Sohn bei mir waren. Ich bin bei Bewusstsein, verdammt nochmal!, schreit Nando People in der Musicbox meines Kopfes, niemand kann mich meiner selbst berauben.

Im Fernsehen dreht sich die Welt weiter, in einer absurden Ruhe. Haben wir uns schon an den Horror gewöhnt? Als wenn alles normal wäre. Die Kanzlerin spricht von den Opfern, die von den südeuropäischen Staaten erbracht werden müssen, als würde sie nicht über Menschen sprechen, die genauso Menschen sind wie die in Deutschland, als wenn nationale Identität im 21. Jahrhundert Sinn ergeben würde, sollten wir nicht alle Europa sein? Ich nutze jede Gelegenheit, um fernzusehen, Nachrichten, Fußballspiele, Reden von Politikern, Neuigkeiten, Quizsendungen, Reality Shows, Live-Übertragungen aus dem Vatikan vom Papst, aus der Europäischen Zentralbank, aus dem Europäischen Parlament, der UNO, als wäre die kriminelle Gewalt völlig normal und alles liefe ab wie zuvor.

Ich sehe mich.

Maria, 45 Kilo, nackt, kahlgeschoren, makellose Zähne, feine Hände, blaue Augen, Pfirsichhaut, runde Brüste, eine klassische Schönheit, pure Eleganz, wie eine Prinzessin erzogen, ich beherrsche alle europäischen Sprachen, ich spiele Geige und Klavier, ich verstehe es, jedem impotenten Neonazi mit Tantra-Techniken einen Orgasmus zu verpassen, ich bin die perfekte Sklavin, die Hure der Aristokratie, die Dirne aus gutem Hause.

Ich möchte nur meinen Sohn finden und in die Berge flüchten, jenseits des Marão-Gebirges haben diejenigen, die dort wohnen, das Sagen, singt meine alte Taufpatin.

Überleben ist grausam.

Es gibt Abendessen. Ich werde bedienen, ich bin die bevorzugte Dienerin der Herrscher.

Ich sehe mich beim Abendessen.

In einem imposanten Saal, Kristallgläser, goldenes Besteck, Blumen und Musik. Plötzlich sehe ich einen der Besitzer Portugals. Er sitzt hier zusammen mit den Neonazis.

In der Küche wird der erste Gang zubereitet, damit ich ihn servieren kann, es gibt Hummer von der Algarve, aus Fuseta, dx Fischex, die meinx Kumpex sind, ich versuche sie mir vorzustellen, ich hoffe es geht ihnex gut, sie sind in Sicherheit auf einer Insel, weit weg von der Gefahr. Fischex sind seit jeher freier, sie wissen, wie sie der Unterdrückung entkommen, denke ich, und das tröstet mich. Ich hätte meinen Sohn beim Kapitän von Fuseta lassen sollen, er war ein Schüler des Protestsängers Zeca Afonso, er kennt den Widerstand, ich sehe mich mit dem Kind singend auf der Insel, er singt:

– Keiner löscht den Edelmut der Índios da Meia Praia aus!

Allerdings wusste ich nicht, konnte ich nicht wissen, dass alles so vernichtend zerstörerisch verlaufen wird. Ich sah den Terror kommen, aber wieso war ich nicht in der Lage, all die Menschen zu warnen, trotz des Internets, all der Blogs, der ganzen Facebooks?

Der Hummer lebt noch, sie schneiden ihm alle Zangen ab, die Fühler krümmen sich vor Schmerz, sie zerschneiden den Panzer des Hummers und filetieren das Fleisch, die Augen des Hummers verdrehen sich, weint er oder bin ich das? Er krümmt die Fühler immer stärker, ich fühle wieder diesen alten Schmerz, versuche, ihn zu unterdrücken, ich kann kein Mitleid mit einem Hummer haben, muss mich konzentrieren, muss meinen Sohn retten.

Der dunkelblaue Koch schneidet das Fleisch des lebenden Hummers weiter, sie werden ihn lebendig essen und ich muss ihn zum Tisch bringen und servieren. Ich bekomme einen Lachanfall, wenn sie mich doch lebend verspeisen, warum sollten sie nicht den Hummer lebend essen? Ich muss raus aus der Küche und sage,

– Ich bring den Müll raus.

Draußen auf dem Hof sollten Sklaven-Menschen sein, die mit einem der Besitzer Portugals gekommen sind, vielleicht ist einer von ihnen noch ein Mensch-Mensch, vielleicht wissen sie etwas von meinem Sohn, denn schließlich ist mein Land ein sehr kleines Loch und jeder kennt jeden.

Sowie ich den Hof erreiche, sehe ich eine Ex-Freundin, ich reiße mich zusammen, um nicht in Tränen auszubrechen, sie trägt eine dunkelblaue Uniform, sitzt am Steuer einer Limousine, sie wird mir helfen, sie muss wissen, wo mein Kind ist, sie ist noch ein Mensch-Mensch, ich verstecke mich im Kofferraum des Autos und stelle mich tot, ich würde alles dafür geben, um hier rauszukommen.

Ich sehe mich zur Limousine laufen, weiß, dass ich dünner geworden und ungefähr tausend Jahre gealtert bin, suche ihren Blick, sie sieht mich, erkennt mich, ich werde es schaffen, ich gehe zu ihr, sie dreht den Kopf, startet den Motor, ich vergesse alle Vorsicht und lasse den Müllsack fallen, renne zur Limousine, sie fährt los, weicht mir aus, um mich nicht zu überfahren, beschleunigt, fährt durch das Tor und verschwindet, ohne mich anzusehen.

– Dreimal wirst du mich verleugnen, singt Jesus Christus in der Musicbox in meinem Kopf, auf dass ich die Kraft haben möge, die nächsten Male zu überleben, sage ich mir selbst.

Hier bestimmt die bläuliche Stille alles, selbst die kriminelle Freude der Henker.

Ich nehme den Müllsack, werfe ihn weg und kehre zurück in die Küche, keiner hat mich gesehen, ich hatte Glück. Dieses Mal hätte ich fliehen können. Wenn sie nur den Mut dazu besessen hätte. Verrat schmerzt umso mehr, wenn man nichts mehr hat.

Ich komme in die Küche, sie reichen mir eine goldene Servierplatte, mit dem in Stücke geschnittenen lebenden Hummer, er schaut mich in seinem Schmerz an und fragt:

– Warum so viel Grausamkeit?

Ich bin so hungrig, aber ich könnte dieses Tier niemals essen, versuche sein Leiden zu verringern,
– Weil wir Menschen nicht gewusst haben, wie wir um unser Leben kämpfen müssen, für unsere Freiheit, unsere Gleichheit, für die unantastbare Würde, die alle Lebewesen haben, wir waren schwach, Feiglinge, wir verstanden es nicht, uns solidarisch zu verhalten, wir haben es nicht geschafft, uns zu verbünden und kleine Meinungsverschiedenheiten zu vergessen, um das Böse gemeinsam zu bekämpfen.
Der Hummer schaut mich an und weint, noch nie sah ich einen Hummer weinen, aber dies ist ein Hummer aus Fuseta, dort, wo selbst Meeresschnecken applaudieren, singt mir Zeca Afonso vor, der Hummer wird von meinem Sohn wissen, ich weiß, dass er am Leben ist, ich fühle das, aber wo, wie?
– Dein Kind wurde von den Dunkelblauen adoptiert, sie erzogen ihn wie einen von ihnen, aber er ist sich selbst heimlich treu geblieben, bis zu dem Tag, als er – kein Kind mehr – flüchten konnte, er ist ein Guerilla-Kämpfer, er führt eine Armee des Widerstands an. Er heißt Telemachos. Und jetzt iss mich. Nimm dir ein Stück, los, ich möchte, dass du es bist, die mich kostet. Das ist mein letzter Wunsch, du musst doch einem zum Sterben Verurteilten seinen Wunsch erfüllen.
Ich esse ein Stück Filet, der Hummer lächelt mich an,
– Hast du gewusst, dass man, wenn man viele Hummer in einen Topf mit Wasser steckt, keinen Deckel darauf legen muss? Weißt du, warum sie nicht entkommen können? Es wäre so einfach, wenn sie sich gegenseitig helfen würden. Stattdessen drücken sie sich gegenseitig nach unten, sie versuchen, die anderen zu ertränken, um sich selbst zu retten, und schlussendlich werden alle zu Tode gekocht. Vielleicht lernen die Menschen diesmal, sich nicht wie Hummer zu verhalten. Und jetzt bring mich rein.

Ich sehe mich, wie ich den Hummer vor einen der Besitzer Portugals auf den Tisch stelle, er sieht mich an, ich schaue ihm in die Augen, ich weiß, dass er ein Nicht-Mensch ist, dennoch weiß ich, dass er sich an meiner Schönheit erfreut. Er schaut auf meinen Hintern, dann wieder in meine Augen und erkennt mich wieder. Wir waren zusammen bei einem dieser Essen, bei denen Künstler von Reichen eingeladen wurden, um zu zeigen, dass sie sogar die *enfants terribles* füttern. Dann beginnt er, den lebenden Hummer zu essen.

Für einen winzigen Moment habe ich gehofft, dass er immer noch ein bisschen menschlich wäre, ausreichend, um Mitleid zu haben, um barmherzig zu sein, um dieses fromme Gefühl zu haben, welches Reiche so gerne empfinden.

Jesus Christus, halt die Klappe, verschwinde aus der Musicbox in meinem Kopf.

Ich gehe wieder in die Küche, und als ich mit einer anderen Servierplatte mit Austern, natürlich lebend, zurückkehre, kommt eine UNO-Delegation an. Ich erkenne ihre Abzeichen, die vermeintliche Vielfalt, ich suche nach einem bekannten Gesicht.

Ich sehe einen alten Kampfgenossen, einen Abgeordneten der Linken, ich kann nicht glauben, dass er hier ist, was für eine Enttäuschung, dass er Teil des Systems ist, dann überkommt mich der Überlebenswille, ich versuche, Blickkontakt mit ihm aufzunehmen,

– Schau mich an, sage ich zu ihm im Stillen, mit all meiner Gedankenkraft. Er schaut sich um, er ist immer noch ein Mensch, er kann mich hören, was für eine Erleichterung. Er geht mit einer diplomatischen Delegation zum Festsaal, sie setzen sich an den Tisch.

Ich sehe mich. Jetzt oder nie.

Ich nähere mich ihm mit einem Tablett in der Hand, bediene ihn, werde mich retten, bin nicht Penelope, brauche keinen

Helden, der herbeieilt, um mich zu retten, ich bin Ulisseia, Odyssa, brauche nur jemanden, der noch den Mut hat, ein Mensch-Mensch zu sein.

In den wenigen Sekunden, in denen ich ihm in die Augen sehe, erkennt er mich, ich spüre seine Verwunderung, dann seine Beklemmung, lautlos flehe ich ihn an,
– Bring mich hier raus, hilf mir, ich muss meinen Sohn finden.

Er umarmt mich mit seinem Blick, aber bewegt sich nicht. Ich muss geduldig sein, er ist immer noch ein Mensch-Mensch, ich spüre dies trotz allem. Ich warte, bis er aufsteht, nehme ein leeres Tablett und gehe ihm nach, wir folgen langen Korridoren, die von Videokameras und dunkelblauen Wachen kontrolliert werden, die ganze Zeit flüstere ich ihm zu,
– Du könntest ich sein, ist dir das klar, zusammen haben wir Manifeste über die Demokratie und Andersartigkeit verfasst, das ist nicht gerecht, lass mich nicht hier zurück.

Er hält vor einer Toilettentür an und gibt der dunkelblauen Wache ein Zeichen, sich zurückzuziehen, er geht hinein, ich folge ihm, er drängt mich in eine Toilettenkabine, als wolle er mich ficken, verschließt die Tür und flüstert mir ins Ohr,
– Ich kann dich hier nicht rausbringen, Maria, verzeih mir. Aber ich kann dir das hier geben.

Er öffnet seine Hand und gibt mir einen winzigen elektronischen Diplomatenpass, es ist ein Chip,
– Du musst ihn unter deiner Haut einpflanzen, er nimmt dann deine DNA auf, und vermischt mit meiner gehst du dann überall als Funktionärin der UNO durch. Verzeih mir, mehr kann nicht für dich tun, dass schaffe ich einfach nicht. Und falls du es nicht schaffst, solltest du wissen, dass dein Sohn einer dx Anführrx des bewaffneten Widerstands ist. Es war also nicht umsonst, Maria.

Ich sehe mich wie damals, vor der blauen Morgendämmerung, er gibt mir eine Waffe, ich stecke sie mit dem Chip in mein Geschlecht und verlasse das Badezimmer, schleiche in den Keller und schließe mich in einer Abstellkammer ein, in der es weder Kameras noch blaue Wachen gibt, ich beiße mir in den Arm, bis die Haut sich öffnet, Blut fließt heraus, ich nutze das Blut, um den Chip unter meine Haut zu schieben, lecke an der Wunde, mache mir einen Verband, als hätte ich mich bei der Arbeit geschnitten, gehe zurück in die Küche und bediene, bis alle geladenen Gäste gegangen sind, gehe in den Schlafsaal, warte, bis alle eingeschlafen sind, erhebe mich und gehe zum Ausgang der Bediensteten, schnappe mir einen Müllsack, als wenn ich bei der Arbeit wäre, gehe in den Hof, überquere ihn, erreiche das Tor, die dunkelblaue Wache schläft, ich ziehe die Waffe aus mir hervor und töte ihn, ohne zu zögern, ich habe genau 39 Sekunden, bis die Hauptwache es über die Kameras sieht und alle Tore schließt, ich renne verborgen von der Dunkelheit los, töte noch eine Wache, entkomme durch den Dienstboteneingang in dem Moment, als dieser sich zu schließen beginnt, entkomme in letzter Sekunde. Draußen kenne ich die Umgebung, seit ich hier bin, habe ich mir alles genau eingeprägt, tauche in den schwarzen Wald ein, ich bin ein wildes Tier, hier erwischt mich niemand, ich renne, renne die nächsten zwei Tage hindurch, bis ich in einem kleinen Dorf ankomme, ich töte eine dunkelblaue Wache und ziehe seine Kleidung an, schleuse mich an einer Wache vorbei, der Chip funktioniert, meine DNA hat meine neue Identität sehr gut angenommen, ich erreiche die Küste, nehme ein Schiff Richtung Süden.

montra, sim, ainda passo por normal, passo mesm
os de ter nascido numa família burguesa, olhos c
fez desporto, dentes impecáveis, nem uma cárie,
ista, nem um calo, unhas perfeitamente desenhada
a qual uma vida com direitos é coisa adquirida

a a ver-me na montra. A biologia ajuda sempre xs ma
vesse em minha casa. Nem sequer miro os guardas azu
minho implacável, formosa e segura. Entro no edifí
azuis escuros cumprimentam-me como se eu trabalhass
te uma escadaria espera-me, viro à esquerda, sigo p

Morgengrauen. Zum ersten Mal werde ich von dem Blau nicht erdrückt. Ulisseia, die Stadt, die erschaffen worden war, um die Menschen glücklich zu machen, hier komme ich. Telemachos und der Widerstand warten auf mich.

Aus dem Portugiesischen von Florian Stange und Nora Brüsewitz unter Mitwirkung der Herausgeberinnen.

Raquel Freire, Protest, Widerstand und persönliche Freiheit sind Elemente, welche die 1973 in Porto geborene portugiesische Regisseurin und Autorin Raquel Freire prägen und auszeichnen. Sie setzt sich für die Rechte von Minderheiten ein und protestiert gegen Missstände in der Gesellschaft. All ihre Emotionen und Eindrücke verarbeitet sie nachdenklich stimmend in einer futuristischen, klaustrophobischen und autoritären Welt, in der das Individuum keinen Platz findet. Freire verbindet eindrucksvoll Referenzen zu anderer Literatur mit Elementen des Films, die den Leser nicht zu Atem kommen lassen.

Florian Stange wurde 1987 in Bremen geboren. Von August 2004 bis Juli 2005 absolvierte er ein Auslandsjahr in Ribeirão Preto in Brasilien. Bevor er 2012 den Bachelor für Sprache, Kultur und Translation am FTSK Germersheim mit den Sprachen Englisch und Portugiesisch begann, studierte er 4 Jahre lang Bauingenieurwesen an der HTWK Leipzig. Im März 2016 schloss er seinen Bachelor ab und ist seit Oktober 2015 im Masterstudium Translation am FTSK Germersheim der Johannes Gutenberg-Universität Mainz eingeschrieben. Im Zuge eines 3-monatigen Praktikums bei der KERN AG in Bremen und als wissenschaftliche Hilfskraft der Universität Koblenz/Landau fertigte er unterschiedliche Übersetzungen an. Zurzeit arbeitet er als Deutschlehrer an einer US-amerikanischen Universität in Carbondale, Illinois.

Nora Brüsewitz wurde 1991 in Hannover geboren. Nach Auslandsaufenthalten in den USA, der Türkei und Frankreich entschloss sie sich nach dem Abitur im Jahr 2011 für das Bachelorstudium Sprache, Kultur, Translation am FTSK Germersheim der Johannes Gutenberg-Universität Mainz mit den Fremdsprachen Englisch und Portugiesisch. Während ihres Bachelorstudiums studierte sie ein Semester an der Universidade de São Paulo in Brasilien, absolvierte ein Praktikum in der Senatsverwaltung in Berlin, arbeitete unter anderem für das Goethe-Institut und beteiligte sich als Übersetzerin an einem EU-geförderten Projekt der Universität Landau. Im Jahr 2015 schloss sie ihr Bachelorstudium erfolgreich ab und begann ihren Master in Konferenzdolmetschen am FTSK Germersheim.

violett

Rita Roquette de Vasconcellos

„Das Infame" bewohnen: Ein anderer Ort

•

> *Wenn eine Angelegenheit sehr lange erwogen worden ist, kann es, auch ohne dass die Erwägungen schon beendet wären, geschehen, dass plötzlich an einer unvorhergesehenen und auch später nicht mehr auffindbaren Stelle eine Erledigung vorkommt, welche die Angelegenheit, wenn auch meistens sehr richtig, so doch immerhin willkürlich abschließt.*
>
> Kafka, Das Schloss

HENRIQUE

Henrique lehnte sich an die seitliche Wand der kleinen Küche, um fünf Minuten die Sonne zu spüren. Ein herrlicher Blick übers Gebirge entschädigte dafür, dass die kleine Wohnung in dem als „Das Infame" bekannten Gebäude nach Norden ausgerichtet und kühl war. Er wohnte dort schon seit zwanzig Jahren, noch ehe die Steuerprüfer ihm den Zugang zu dem Gebäude versiegelten.

Henrique verschloss die Augen vor der Landschaft. Das Leben war nicht leicht. Er fand keine Arbeit und konnte seine Rechnungen nicht bezahlen. Ein Butterbrot morgens reichte ihm bis zum Mittagessen, bei dem er sich an dem üblichen Ort in eine Schlange von neuen Armen einreihte. In der „Casa de Pasto de Horizonte Perdido" erhielt er eine leichte Mahlzeit, die eine

Suppe und ein warmes Essen einschloss. Das Brot hob er fürs Abendessen auf – ein tägliches Ritual, das sich unterschiedslos wiederholte. Hin und wieder schnorrte er sich einen Kaffee, den er möglichst langsam genoss und der ihn wachhielt.

Henrique hatte drei schon erwachsene Kinder und eine Ex-Frau, der er nicht vergab, dass sie sein Bankkonto leergeräumt und ihm drei Jungen hinterlassen hatte, damit er sie großzog. Von den Jungen lebte jeder an seinem Ort, seit Monaten hatte er nichts von ihnen gehört und der Stolz verbot es ihm, den Kontakt selbst zu suchen. Lou Reeds *Perfect Day* lief im Radio, während er den Rasierer unters Wasser hielt. Er hatte nie Drogen genommen, doch war er in Alkohol ertrunken, seit ihm das Bauunternehmen gekündigt hatte. Er trank abends, um Abstand vom Tag zu gewinnen, und oft fiel er ins Bett, ohne sich auch nur auszuziehen, um andertags ohne die leiseste Erinnerung an den Vorabend aufzuwachen. Er dachte, dass er eines Tages sterben würde wie Lou Reed, nur ohne dessen Ruhm.

Henrique hatte seine berufliche Laufbahn als Bauzeichner begonnen. Er kannte die Details aus dem Bauwesen besser als jeder andere. Bei seinen Besuchen auf der Baustelle pflegte er denen, die es hören wollten, zu sagen, dass den Architekten die Menschen weitgehend gleichgültig wären, er hingegen kenne den Ort gut, den Raum, den die Leute bewohnen wollten, die Architekten hätten davon keine Ahnung, sagte er.

MYTHEN

Henrique hatte das Studium am Ende des dritten Semesters abgebrochen. Er dachte sehr gern an die Vorlesungen und Seminare zurück, doch das Geld reichte nicht, um weiter zu studieren, und er wusste bereits das Nötigste, um Projekte selbst auszuführen. Er war vertraut mit dem Gedankengut von Le Corbusier, und der war wirklich ein großer Architekt. Sonne, Raum und Bäume waren in seinen Entwürfen der Ausgangspunkt. Sonne, um den Raum zu erhellen und zu beleben, Raum, den er sich großzügig wünschte, in der Verbindung mit der äußeren Welt, und grün, sehr grün, ganz ähnlich wie Corbusier, dachte er.

Wie eine Relique bewahrte Henrique die erste Ausgabe des *Entretien* auf, ein Buch von 1943. Es war ein Geschenk seines Onkels, der in die Schweiz emigriert war. Lerne von diesem Typ, er hat die Sicht auf die Architektur revolutioniert. Jemand, der sagt, die Architektur müsse bewegen, kann nicht irgend ein Hansel sein, hatte ihm der Alte gesagt. Er hüllte das rosafarben eingebundene Buch aus den *Editions Denoël* in graues Papier. Unterstrichen auf Seite 21 stand zu lesen „Ni Auguste Perret ni moi sommes diplômes". Wie er, Henrique, besaß auch der Meister kein Diplom, doch hatte ihn dies nicht daran gehindert, der große Architekt der Moderne zu werden. Er nannte das kleine Buch seine Bibel, und von dort bezog er die Lehren, durch die er sich auf einer Stufe mit dem Meister fühlen konnte.

SARAIVA

Das Gebäude, in dem er wohnte, war das erste Projekt gewesen, das er zusammen mit Saraiva realisiert hatte. Einige sagten, dass er kein Ingenieur sei, doch, ob Ingenieur oder nicht, es gab in dem Landkreis etliche Bauten, für die er verantwortlich zeichnete, und das Wort Ingenieur war, in schwarzer Schrift, gut leserlich auf dem Pick-up mit offener Ladefläche zu lesen, mit dem er morgens in aller Frühe auf der Baustelle erschien. Der Ingenieur Saraiva gab damit an, in den Rathäusern des Distrikts wichtige Freunde zu haben, und behauptete, an dem Tag, an dem er als Bürgermeister kandidieren würde, würde er die Wahl gewinnen.

„Das Infame" war in der Nähe des Flusses erbaut worden, in einem Gebiet, das dem Hochwasserbett sehr nahe war, an der Peripherie der Kleinstadt. Am Beginn des Einspruchs als Folge eines Routinebesuches einer Bauaufsichtsgruppe aus dem Rathaus stand die Vergrößerung der Garage in der Bauverbotszone, fünfzig Quadrameter zusätzlicher Fläche, auf Kellerniveau. Obwohl das Vorhaben mit einem Einspruch belegt worden war, hörten die Bauarbeiten in den folgenden sechs Monaten nach der Kontrolle nicht auf. Saraiva wurde nicht müde, solange er den Bau nicht so weit mit Türen und Fenstern geschlossen hatte, um ihn bezugsfertig zu haben.

Trotz der gültigen Baugenehmigung erfüllte der Bau nicht die Bedingungen, um die Nutzungserlaubnis einzuholen, weshalb sich für das Gebäude jahrelang keine Lösung fand. Mit der Wasseruhr und dem Stromzähler der Baustelle errichtet, konnte nur der Abriss des überschüssigen Gebäudeteils die rechtliche Anpassung des Bauwerks ermöglichen. Ohne die gesetzmäßigen Abrisse am Ufer und ohne Nutzungserlaubnis wurde „Das Infame" zu einer geschlossenen Schachtel, einem reglosen Objekt in der Landschaft, das man mit der Zeit illegal an Familien mit geringem Einkommen vermietete. Die Vermietung trug zu einer Parallelwirtschaft bei, einer Firma, die auf den Namen des Ingenieurs Saraiva lief. Es gab keinen Vertrag, die Bewohner unterzeichneten lediglich einen Wisch, mit dem sie anerkannten, keinerlei Rechte auf das Eigentum zu besitzen. Saraiva erachtete den Aufenthalt als ein Darlehen und empfing die Zahlung der wöchentlichen Raten in bar.

Henrique hatte sich selbst versprochen, den Morgen über nicht zu trinken. Es reute ihn, Teil eines Deals gewesen zu sein, bei dem er sich bis zum letzten Heller in Schulden gestürzt hatte.

Der Traum, eines Tages ein großer Mieteigentümer zu sein, war zu einem Alptraum geworden. Nie hatte er irgendeinen Gewinn von dem gesehen, was er zu dem Bau beigetragen hatte. Saraivas Rede war immer dieselbe: Du wirst sehen, am Ende werden wir alles verkaufen, du wirst leben in Saus und Braus, wie Du es nicht mal für möglich hältst. Doch er vergaß, dass die Nähe zum Wasser, die Schwierigkeit von Zugängen und der Rest, der zu dem Einspruch führte, der Kommerzialisierung nicht eben förderlich waren.

WOHNUNGSTYPEN

Als das Gebäude allmählich bewohnt wurde, unterschied man zwischen Wohnungen vom Typ T2 und T3, Zwei- und Dreizimmerwohnungen. Die letzte Etage wurde als Etage für die technischen Anlagen geführt, doch es war gewiss und bekannt, dass Saraiva es schließen würde, sobald er die Erlaubnis erhielt, um eine weitere Wohnetage daraus zu machen. Man hatte ihm versichert, dass er keinen Aufzug einbauen müsse, sofern das Gebäude vor der Abnahme lediglich drei Wohnetagen habe.

Henrique wohnte in der letzten Etage. Als die technische Etage geschlossen wurde, konnte er eine größere Maisonettewohnung aus seinem Appartment machen. Die Wachstumsaussichten auf dem Wohnungsmarkt in den Neunzigern und die problemlos zu bekommenden Kredite bei den Banken ließen den katastrophalen Zustand nicht voraussehen, in den das Land geschlittert war. „Das Infame" war das Resultat seiner Entscheidungen, und nur ein unerwarteter Glücksfall konnte ihm helfen.

GESETZGEBUNG

Henrique hatte sich bei einigen Freunden darüber ausgelassen, wie sehr er es bedaure, dass das Gebäude nicht vor 1951 errichtet worden sei. Er wusste, dass die Ausstellung einer amtlichen Bescheinigung über die Nutzungserlaubnis erst nach dem 7. August dieses Jahres verpflichtend geworden war, dem Datum, an dem die Landesbauordnung (LBO) in Kraft getreten war. Er lächelte. Öffnete die Schublade des kleinen Nachttischchens und las den Artikel 1 der LBO, ein paar alte Fotokopien, die er, wie er sich erinnerte, hunderte Male konsultiert hatte.

„Die Ausführung neuer Gebäude oder irgendwelcher Wohnungsbauten, ihre Rekonstruktion, Erweiterung, Veränderung, des weiteren Instandsetzungs- oder Abrissarbeiten im Umkreis der Stadt und der ländlichen Schutzgebiete ebenso wie Arbeiten, die eine Veränderung der topographischen Lage bedeuten, sind den Bestimmungen der vorliegenden Satzung unterworfen." Im Lichte dieser Gesetzgebung, dachte er, war es einfach, der Gemeinde ein Bauvorhaben zu präsentieren.

In fünfzig Jahren hatte sich vieles verändert. Das Ärgernis, das der Erlass 172-H vom 30. Juni 1986 für Leute dargestellt hatte, die sich, wie er, um die Minderheiten sorgten, sollte in die Geschichte eingehen. Der Erlass 172-H hatte die Gesetzesverordnung Nr. 43/82 vom 8. Februar aufgehoben, die mehrere Vorschriften der Landesbauordung änderte, indem sie technische Vorgaben über Zugänglichkeit festlegte. „Ein absoluter Regelverstoß gegen Absatz 2 des Artikels 71 der Portugiesischen Verfassung, der vom Staat verlangt, für die Umsetzung der Rechte von Bürgern mit einer Behinderung Sorge zu tragen", hatte er damals in einer Lokalzeitung geschrieben und zitierte dabei den entsprechenden Artikel: „Der Staat verpflichtet sich zu einer nationalen Politik der Vorsorge und zur Rehabilitation und

Integration von Bürgern mit einer Behinderung sowie dazu, deren Familien zu unterstützen und dabei eine Pädagogik zu verfolgen, die die Gesellschaft im Hinblick auf den pflichtschuldigen Respekt und die Solidarität mit ihnen sensibilisiert; ferner übernimmt er es, für deren Rechte effektiv Sorge zu tragen, ohne jede Einschränkung der Rechte und Pflichten der Eltern oder Aufsichtspersonen."

Der Schanderlass, wie er unter solidarischen Gruppen bekannt wurde. Die Aufhebung der Gesetzesverordnung erfolgte auf Druck falscher Bauleiter und der großen Bauunternehmer der 80er Jahre, die sich über den Preisanstieg beschwerten, den die Umsetzung besserer Zugangsbedingungen zu den Gebäuden für neue Bauvorhaben bedeutete. Um diese Zeit etwa empfand Henrique eine gewisse Zufriedenheit, kein Hochschuldiplom zu besitzen. Er gehörte nicht zu der Klasse, die die Inklusion nicht verteidigte.

An diesem Morgen hatte er einen Brief mit dem Absender des Rathauses empfangen, doch noch nicht geöffnet. Vertieft in sein Leid, ließ er die Post im Briefkasten sich anhäufen, und es waren die Nachbarn, die ihm die Umschläge vor den Türeingang legten, oftmals aber öffnete er sie erst gar nicht. Er legte den Brief auf den Tisch und kümmerte sich um den „Grünen Punkt", wie er es nannte. Nachzusehen, was sie von ihm wollten, hatte Zeit.

FESTE ABFÄLLE

Die Wiederverwertung des Mülls war eine vorrangige Aufgabe. Die Mülltrennung in je eigene Behälter war Pflicht im Gebäude. Wiederverwertbare Abfälle von den nutzlosen zu trennen, war für die Bewohner eine unerlässliche Gewohnheit. In der Eingangshalle des Gebäudes stand ein eindringlicher Appell:

Wiederverwertbare und nicht wiederverwertbare Abfälle dürfen nicht vermischt werden, um Sorgfalt bei der Auswahl wird gebeten, um sie noch einmal verwerten zu können.

Henrique wusste, dass der Umweltschutz mit kleinen täglichen Dingen begann. Die Bewohner, zeitweilige Insassen des Gebäudes, waren empfänglich für die Gehirnwäsche, mit denen Henrique ihnen bei der Trennung des Hausmülls kam. Die farbigen Container halfen dabei: blau für Papier, rot für Plastik, grün für Metall und gelb für Glas. Diese Behälter befanden sich alle an demselben Ort zur Kompostierung außerhalb des Gebäudes, an einer Stelle gegenüber dem gemeinsamen Gemüsegarten, einem Ort, an dem die Kinder ihre Freude daran hatten, dem Gemüse und riesigen Kohlköpfen beim Wachsen zuzusehen. Schalen von Obst und Gemüse der täglichen Nahrung begünstigten das Wachstum der Hülsenfrüchte in gut gedüngter Erde. Ein Teil des Mülls, der wiederverwertet werden konnte, wurde von Henrique im Abstellraum der lebenden Dinge, wie er es nannte, aufbewahrt. An diesem Ort, zu dem nur er Zugang hatte, konnte man etwas von all dem finden, was von den Bewohnern im Laufe der Zeit bei ihrem Auszug zurückgelassen wurde.

Henrique stand der Erfahrung in den Ländern Nordeuropas nicht fremd gegenüber. Er kannte die Anstrengung, die man dort in der Erziehung der Bevölkerung für eine Stärkung des Umweltbewusstseins unternahm, vor allem in Schweden. Etwa in Borås, bekannt als „saubere Stadt", wo 99% des produzierten Mülls wiederverwertet wird. Das Recycling geschieht durch die Bevölkerung, die es übernimmt, das Material zu trennen und zu den Sammelstellen zu bringen, die über die gesamte Stadt verteilt sind. Der größte Teil der festen Abfälle wird recycelt, biologisch aufbereitet oder in Energie (Biogas) umgewandelt, die die meisten Häuser, kommerziellen Einrichtungen und die Busflotte versorgt. Diese Veränderungen geschehen nicht von heute auf morgen, man muss Veränderungen im Verhalten und in der Disziplin herbeiführen, um Resultate zu erzielen. Portugal hinkte in der Art, wie man die Erziehung mit der Umweltpraxis verband, noch etwas hinterher. Doch schließlich verdienten es Müll, Wasser und Energie, von der Regierung kontrolliert, besser verwaltet zu werden. Wie war es möglich, dass der Nachbar, der Müll auf die Straße warf, ohne sich um Recycling oder Wiederverwertung zu kümmern, dieselbe Steuer zahlte wie er?

LE CORBUSIER

Henrique ging die Treppen des Gebäudes hinunter und konnte nicht aufhören, das Bauschiff zu bewundern, das er entworfen hatte. Ah! Meister, schrie er, wie du habe ich ein Schiff entworfen, „ein Schiff, das eine autonome und phallische Masse zum Schweben bringt, reine Kontur, Abwesenheit von Ornament und gestützt auf Stelzen", und lehnte sich selbstvergessen an die weißen Wände des Gebäudes, indem er seinen aus Studienseiten des Meisters auswendig gelernten Vortrag vor sich hersagte. Auch wenn er nie dem Ausdruck „das Haus ist eine Wohnmaschine" zugestimmt hatte, stellte er doch den tiefen Einfluss von Corbusiers Lehre auf „Das Infame" fest.

Der freie Grundriss zwang nicht dazu, die Wände in Abhängigkeit vom Aufbau einzuzeichnen. Die Wände konnten den Raum so in freier Form unterteilen, ohne dass sie eine strukturelle Funktion übernehmen mussten. Der Einsatz eines Systems von Trägerstützen in rechtwinkligen Rosten erzeugte die notwendige Stabilität für eine bessere räumliche Aufteilung im Inneren. Die freie Fassadengestaltung, die ohne irgendeine Art von Ornament auskam, resultierte aus der Unabhängigkeit der Aufteilung und gab ihr ein rauhes, spartanisches Aussehen.

Die zurückweichenden Pfeiler in Verbindung mit der Fassade hatten es erlaubt, völlig flexibel Öffnungen mit Hohlräumen einzuzeichnen. Die Stelzen des Gebäudes unter dem Erdgeschoss verliehen der Umgebung einen neuen Rahmen, sie favorisierten die Durchquerung des Standorts zu Fuß und erlaubten eine ausgezeichnete natürliche Luftzirkulation. Zwischen der einen Seite des Baus und der anderen veränderte sich die Szenerie je nach Beobachter. Ohne Barrieren, erforderte es von der Transparenz eine vielseitigere Nutzung. Beim Dach hatte er die konventionelle Struktur des Dachziegels abgeschafft, und sofern die letzte Etage nicht geschlossen war, diente sie als Raum zur Erholung und zum Genuss der Vegetation, die man angepflanzt hatte: Koriander, Salate, Petersilie, Minze und andere Gemüsesorten und aromatische Kräuter. Es genügte, auf die Terrasse, den Gemüsegarten, hinaufzusteigen, und die Nacht wurde zu einem idealen Ort, um von dort die Sternbilder des Widders und des Stiers zu betrachten. Er war sehr stolz auf seinen Entwurf.

Henrique war ein großer Freund der Wahrsagerei. Er kannte sich in Astrologie aus wie kein anderer und hatte den Ingenieur gewarnt, dass die Planetendurchgänge, die den Beginn des Bauvorhabens markierten, nicht die geeignetsten wären. Saraiva hatte ihm unflätig geantwortet: Ich kenne nur den Durchgangsverkehr vom Büro hierher und von hier nach Hause. Henrique hatte keine Zweifel an der Beziehung zum Unsichtbaren und erinnerte an Corbusier: „Wenn ein Werk das Maximum an Intensität, Proportion und Qualität der Ausführung, der Perfektion erreicht, stellt sich das Phänomen des unaussprechlichen Raums ein. Die Orte strahlen physisch aus. Was das, was ich unaussprechlichen Raum nenne, bestimmt, ist ein Zusammenprall, der nicht von den Größenordnungen, sondern von der Perfektion abhängt; es gehört zum Bereich des Unaussprechlichen". Doch die Astrologie war in diesem Moment bei weitem nicht Henriques größtes Problem.

EINSPARUNG

Die schwache elektrische Leistung in den Apartments zwang zu einem ausgewogenen Einsatz der Haushaltsgeräte in jeder Wohnung. Durch ein ausgeklügeltes System entwarf er einen Betriebszeitplan für Geräte, die mehr Strom verbrauchten. Die Wohnungen der ersten Etage nutzten den Strom morgens, die zweite Etage am Nachmittag, und die letzte Etage teilte die Energie abends ein. Henrique fand Lösungen, die eine bessere Ausnutzung erlaubten. Ein System fotoelektronischer Kontrolle, Sensoren, die die Anwesenheit natürlichen Lichts anzeigten, verminderten oder blockierten die zur Verfügung stehende Menge künstlichen Lichts in der Umgebung. Die Verwaltung des Lichts war eines der fundamentalen Dinge, um die prekäre Nutzung des Gebäudes sicherzustellen. Die Zugänge zu den Wohnungen und der Eingang des Gebäudes wurden von Schaltuhren bedient, die die Lampen für eine im voraus festgesetzte Zeit angehen ließen. Lösungen, die eine Verschwendung von Energie vermieden.

Jedes Jahr zu Weihnachten wurde ein Baum mit recyceltem Material an der Tür des Gebäudes aufgestellt. Die Kinder hatten ihren Spaß, wenn sie sahen, wie die kleinen Lichtquellen in einer verschwenderischen Pracht an Farben aufleuchteten und erloschen, mit Strom versorgt nur durch einen Nagel, einen Neodym-Magneten und einen Kondensator. Der Magnet induzierte in Verbindung mit dem Nagel ein elektromagnetisches Feld. Die Kontrolle des Energieflusses, der im Kondensator gespeichert war, verteilte und entzündete eine Lichtquelle wie eine Batterie. Wochen vor Weihnachten begeisterte die Verfertigung dieses Systems die Kinderschar, die vom magischen Ergebnis dieses anscheinend unendlichen Systems vollkommen fasziniert war.

Die Form des Gebäudes, seine Ausrichtung und die Öffnung von Hohlräumen erlaubten es im Sommer, eine gute Ventilation auszunutzen, und im Winter ließ sich ihre Schließung gut durch Fensterläden kontrollieren. Die Wärmekapazität auf dem Dach war durch die pflanzliche Erde garantiert, die er im Lauf der Jahre in kleinen Säcken von 50 Litern herangeschafft hatte. Die Wohnungen konnten die Temperatur so über einen längeren Zeitraum hinweg halten, je nach Jahreszeit.

VERÄNDERUNG

Die Zeit verging und die Mieter oder zeitweiligen Bewohner, wie der Ingenieur sie nannte, konnten das Gebäude nicht unbegrenzt belegen. Die leeren Wohnungen bedeuteten am Ende des Monats weniger Geld. Der freiliegende Beton und das Fehlen alles Überflüssigen an dem Bau ließen die Silhouette des Gebäudes in der Landschaft streng aussehen und betonten das Ernste und Schwere der rohen Materialien. In solchen Zeiten hörte man Henrique murmeln „Scheiß Corbusier!" Die Strenge ließ ihn sich noch einsamer fühlen.

Bei geringer Bewegung im Gebäude und mit dem Weggang der Zeitweiligen hatte Henrique mit einer Arbeit begonnen, die ihn tagelang beschäftigte. Obwohl die Wohnungen leerstanden, gewannen sie doch mit der Erinnerung an die Mieter ein eigenes Leben. Das System wöchentlicher Zahlungen hatte eine sehr gut organisierte Buchführung vorausgesetzt. Henrique kam dabei die Aufgabe zu, die möglichen Mieter dem Ingenieur gegenüber zu beschreiben, sogar noch vor dem Vertrag über eine zeitweilige Nutzung durch Darlehen – VZND wie er bekannt wurde. Der VZND, eine gesetzeswidrige Erfindung des Ingenieurs, hatte im Hinblick auf die Bewerber um ein Darlehen eine Reihe fast geheimdienstlicher Daten zur Grundlage – Informationen, wer, wie, wo und wie viel (zahlen konnte).

Henrique, vesteht sich, hatte Informationen über die Leute, die sich dies gefallen ließen, angefangen damit, wie oft sie verheiratet waren, bis zu den Steuererklärungen der letzten fünf Jahre. Saraiva war gerissen. Sein Netz an Einflüssen war derart weit gespannt, dass er Dinge über die Leute herausfand, zu denen nicht einmal der Fiskus Zugang hatte. Nachdem er ihren Lebenslauf ausgewertet hatte, akzeptierte er deren Unterschrift unter den VZND und das heimliche Mietverhältnis – oder eben nicht. Alles leicht surreal, doch so lief es seit Jahren. Auf Grundlage dieser Informationen und weil die Zeitweiligen immer spärlicher wurden, begann Henrique, die leeren Wohnungen mit der Erinnerung an die ehemals Ansässigen zu bearbeiten, und benutzte dabei alles, was ihm in die Hände fiel, um Wohnräume zu schaffen, in denen die Erinnerung einen Satz von Walter Benjamin zum Motto hatte: „Wohnen heißt Spuren hinterlassen".

NIEMEYER

Henrique begann, die Wände der Apartments nach und nach durch die Projektion von Bildern, Gemälden, Kollagen und Kacheln in origineller Weise zu entmaterialisieren. Er erstellte eine Hierarchie an Eingriffen: zunächst wählte er die Wohnungen der Zeitweiligen aus, die er besser gekannt hatte. Der Besuch im Abstellraum der lebenden Dinge lohnte sich allein durch das stille Leben der Objekte. Etwas von allem, was er fand, brachte ihn auf

Ideen, wie er die Materialien auf unterschiedliche Weise verwenden konnte. Hin und wieder schloss er sich ein, um zu arbeiten, und das eine oder andere Objekt rührte ihn. Die Plastikblumen etwa, die einst das Schlafzimmer Annas ausgefüllt hatten, einer jungen Allergikerin aus dem zweiten Stock links. Ihr zu Ehren stellte er den Frühling und den Gott Mars dar; Schallplatten mit 33 Umdrehungen, die er in einer Kiste fand, gaben ihm den Wunsch ein, sämtliche Geräte auseinanderzunehmen, die es im Abstellraum gab, und die Wohnung des jungen Kapverdianers verwandelte er in eine *techno lounge* mit Morna-Musik. Den klagenden Gesang zur Viola, eines der grundlegenden Begleitelemente der Morna, hörte man am frühen Abend stets kurz vor Sonnenuntergang.

Henrique brauchte Monate, die Wohnungen umzuwandeln. Im Sommer nutzte er den Raum außerhalb, um Holzformen zu erarbeiten, die er mit Beton füllte. Und wenn Henrique auch blind den Prinzipien von Charles-Édouard Jeanneret-Gris, bekannter unter dem Pseudonym Le Corbusier, folgte, so näherte er sich doch nach und nach einer nie dagewesenen Erkundung ästhetischer Fähigkeiten, ganz wie Oscar Niemeyer, in Form von Kurven oder einer Schale. Wie bei Niemeyer war der Einfluß von Le Corbusier in den ersten Werken beachtlich, ganz allmählich aber fand er zu einer eigenen künstlerischen Identität. Formen von größerer formaler Identität mit einer großen symbolischen Kraft und komplexen Verbindungen zwischen den einzelnen Teilen atmeten Harmonie, Anmut und Eleganz und ließen die tragende Struktur nur schwer von der formalen unterscheiden, und mit der Einführung gekrümmter Linien verschmolz die eine mit der anderen. Ohne es zu bemerken, bewegte Henrique sich in der Art, wie er Struktur und Form gleichzeitig anging, im Fahrwasser Oscar Niemeyers, für den Form und Struktur eine einzige Sache waren.

Im Abstellraum der lebenden Dinge fand er eines Tages beim Aufräumen eine Postkarte in einem Karton, der dem Jungen im ersten Stock rechts gehört hatte. Auf der Postkarte war ein Gedicht zu lesen und darunter hieß es: „Gedicht über die Kurve von Oscar Niemeyer". Laut las er es:

> Der rechte Winkel zieht mich nicht an.
> Auch nicht die gerade, harte inflexible Linie,
> die der Mensch geschaffen hat. Was mich
> anzieht, ist die freie und sinnliche Kurve
> Die Kurve, die ich in den Bergen
> meines Landes finde, im mäandernden Lauf
> seiner Flüsse, in den Wolken des Himmels, in dem
> Leib der geliebten Frau.
> Das ganze Universum ist aus Kurven gemacht.
> Das gekrümmte Universum Einsteins.

Er las es wieder und wieder. Er drehte die Postkarte um und fand die Zeichnung einer weiblichen Figur, mit Füller auf weißen Untergrund gezeichnet. Verblüfft stieg er die Treppen hinauf und ging auf die verlassene, kaum asphaltierte Straße hinaus. Der Tag lief schon beinahe in den Abend aus. Er brauchte frische Luft. Er ging den Pfad mit den Veilchen entlang bis zu dem an das Gebäude angrenzende Flussufer. Das Gebirge im Hintergrund stach schwarz vom zarten Orange eines ansonsten dunkelblauen Himmels ab. Venus, der Morgenstern, glitzerte schwach und wartete darauf, dass die Nacht Flussufer, Tal und den Wald, der „Das Infame" von der Kleinstadt trennte, verhüllte und auf diese Weise vereinte, was nicht getrennt sein sollte. Telefon- und Hochspannungsmasten strichelten die Landschaft und erinnerten daran, dass der Mensch Spuren hinterlassen muss. War es nicht Holzer, der gesagt hatte, dass es, um eine Landschaft zu sehen,

N

notwendig sei, fern von ihr zu sein, getrennt, außen, als Beobachter, wie bei einem Bühnenbild, einer Szene? Entwurf einer Harmonie, einer Natur, einer verlorenen Zeit, einer spannenden Geschichte? Und er, welche Spur würde er hinterlassen?

MORGENDÄMMERUNG

Henrique kehrte nach Hause zurück. Er ging ins Bett, ohne etwas zu essen, und während ihn die Morna im Stockwerk unter ihm in den Schlaf wog, schlief er ein mit dem Gedanken an die freien, sinnlichen Kurven und an den gekrümmten Lauf der Flüsse und der Wolken am Himmel. Als er am Morgen erwachte, erschien ihm alles anders. Draußen hing die Wäsche auf dem improvisierten Mobile und konturierte schief die Kurven, die Formen, die Komposition und die ganze Palette an Objekten, die er konstruiert hatte. Das Mobile schwankte still hin und her, die Wäschestücke trockneten im Wind.

Henrique fühlte, dass er die Erinnerung bewohnte. Erinnerungen an die Zukunft, dachte er. Im Lauf der Zeit hatte er sich vom Meister distanziert und nahm nun wahr, wie das Relief an der Oberfläche der Innenwände, die Kacheln, die Wandmalereien, wo die Kunst die Wand entmaterialisierte, und die Gegenstände draußen, die Skulpturen zu nennen er sich nicht traute, die mysteriöse Reihe von Besuchern angezogen hatten, von denen Saraiva sagte, er würde ihnen in seiner Abwesenheit Tickets verkaufen.

Es stimmte, dass die leeren Wohnungen zur Entdeckung einluden, und das geringe Licht in den Fluren schuf eine Umgebung von Schatten, die dem Wechselspiel von Farben, Farbtönen und Lichtintensität sehr förderlich war. Ihm kam in den Sinn, dass er, ähnlich wie Niemeyer, einen eigenen Weg suchte. Wenn Henrique seinen Eingriff in den Prozess bis zum Auszug der Zeitweiligen im Lichte vorausgehender Arbeiten Le Corbusiers charakterisierte, so wurden seine Bezugspunkte von da an zu einem Spiegel der eigenen Identität, indem er seine Arbeit neu entdeckte und, ähnlich wie Niemeyer, eigene Originalität gewann, dachte Henrique, während er alles zu dessen Werk verschlang: Es gibt drei Arten, in denen Niemeyer in seiner Architektur die Kunst verwendet: „Für die moderne Architektur bedeutet die Synthese der Künste, dass die Malerei und die Skulptur zu einem integrierenden Bestandteil innerhalb der architektonischen Komposition werden, doch bewahren sie ihre unabhängigen und die ihnen wesentlichen ästhetischen Werte."

Henrique wusste, dass er sich auf einem Weg befand, von dem es kein Zurück gab. Er trat ins Haus und erinnerte sich an den Brief, den er erhalten und noch nicht geöffnet hatte. Er riss ihn auf und las ihn langsam, zweimal:

„Sehr geehrter Herr, die Stadtkämmerei möchte Sie darüber in Kenntnis setzen, dass in Folge des an Sie verliehenen, oben erwähnten Ehrendoktors durch die Technische Universität des Landes (die Ihre Antwort erwartet) und der Bitten, die an diese Gemeinde herangetragen wurden, das als „Das Infame" bekannte Gebäude als Gegenstand öffentlichen Interesses anzusehen, diese Stadtkämmerei Ihnen hiermit die Erlaubnis erteilt, das Gebäude, das in dem Vorgang Nr. 30/1972 dieser Gemeinde verzeichnet ist, zu sozialen und künstlerischen Zwecken sowie für kulturelle Interessen zu nutzen. Wir machen jedoch darauf aufmerksam, dass die Nutzungsänderung des Gebäudes oder eines Teiles desselben, gemäß Artikel 4 der LBO, einen urbanistischen Vorgang darstellt, der voriger Prüfung unterliegt. Es ist üblich, dass die von den Gemeinden ausgestellten Genehmigungen resp. Freigaben zur Nutzung für kommerzielle Zwecke resp.

Dienstleistungen keine ausreichenden Berechtigungen darstellen, um die Einrichtung von Läden zu erlauben, die für ihre Nutzung spezielle Anforderungen darstellen, und dass die solchermaßen Interessierten angehalten sind, eine eigene Erlaubnis hierfür einzuholen, da es sich dabei um Nutzungsänderungen handelt. Unterdessen und den Ausnahmestatus dieser Erlaubnis berücksichtigend, autorisieren wir hiermit eine einfachen Dienstleistungen vorbehaltene Nutzung.

Mit freundlichen Grüßen."

Henrique setzte sich, nachdem er die Arme herabgelassen und die Jacke in Ordnung gebracht hatte, die ihm von den Schultern gefallen war. Er dachte an Saraiva. War dies das Resultat der Studienbesuche?

Aus dem Portugiesischen von Markus Sahr.

Rita F. Roquette de Vasconcellos bewegt sich zwischen den Disziplinen Architektur, Design und Musik, die für sie einander komplementär sind. Sie studierte am „Instituto de Arte e Decoração" (IADE) in Lissabon und schloss einen Studiengang in Architektur am Fachbereich der Universidade Técnica de Lisboa (UTL) ab. Sie begann ihre berufliche Laufbahn als Designerin, vor allem im graphischen Bereich, und arbeitete anschließend als Architektin für die Erhaltung und Wiederherstellung des historischen Erbes. Sie fertigte die Illustrationen für die Anthologie *Do branco ao negro* an, die sie gemeinsam mit São José Almeida ins Leben gerufen hat. Sie unterhält zwei Blogs, in denen sie schreibt und zeichnet: www.escreveretriste.com und www.rita vasconcellos.blogspot.com

Markus Sahr, geb. 1962 in Mainz, M. A., Creative Writing bei Walter Jens, Hospitanzen an der Theatermanufaktur und der Freien Volksbühne in Berlin (West), freier Journalist für die Junge Welt, den Tagesspiegel und die Wochenzeitung Freitag (1992–1995), Deutschlehrer in Lissabon und Bristol (1996–2002), lebt seit 2002 in Leipzig. Übersetzerstipendien des Instituto Camões, Lissabon, (2005/6 und 2008), Literaturstipendium der Kulturstiftung des Freistaates Sachsen (2010), Translator in Residence im Europäischen Übersetzerkollegium in Straelen (2013). Lebt, liest, schreibt und übersetzt in Leipzig, angeregt und gefördert durch die portugiesische Autorin und Lyrikerin Yvette K. Centeno.

purpur

São José Almeida

Wege

•

Sie würde dieses Meer vermissen. Als ob sie sich von ihm verabschieden würde, ging sie hinein. Schließlich wusste sie nicht genau, ob sie jemals zu diesen Wellen und diesem Strand zurückkehren würde. Plötzlich erschien ihr alles so absurd. Dieser Ort war ihrer, seit jeher schon war er das. Was würde aus ihr ohne diesen Ort? Sie spürte das Meer auf ihrer Haut. Dieses einzigartige Gefühl, ins Meer einzutauchen. Sie tauchte unter, und indem sie die Augen schloss, sah sie Sol wieder. Sie dachte, dass an diesem Zufall nichts zufällig war. So wie alles, was wie eine zufällige Übereinstimmung erscheint, es nicht ist.

Und wie unergründlich erschien ihr der Satz, den sie an jenem Nachmittag von Sol gehört hatte, sie wusste schon nicht mehr, wann genau es war. „Die Maria do Rosário, die du suchst, die Jungfrau Maria vom Rosenkranz, wartet schon auf dich, dort vorne, auf diesem Weg. Laufe und umarme sie."

Damals hatte sie nur über diese „Verrückte" gelacht. „Was mir auch alles passieren muss", dachte sie. „Ausgerechnet mir musste sie über den Weg laufen! Und das gerade heute, wo ich keine Zeit habe!" Sie schaute ihr nach, während Sol um die Ecke bog. Sie hatte nicht einmal Zeit zu einer Antwort gefunden. Sie blickte zu dem Weg, der stadtauswärts führte und auf den Sols Augen gerichtet gewesen waren, nachdem sie sie so unerwartet auf der Straße angesprochen hatte.

Maria do Rosário vergaß den Satz und auch den Vorfall. Später kam die Erinnerung aber zurück. Ihre beiden Kinder waren bereits auf der Welt. Das jüngere der beiden, ihr Sohn, war nicht mehr im Krabbelalter, wenn er auch noch nicht zur Grundschule ging, und die Tochter war sicher schon in der zweiten Klasse. Doch das alles schien bereits eine Ewigkeit her. Und sie, Maria, war noch glücklich. Sie mochte ihr Leben als Lehrerin, fühlte sich wohl in ihrer Ehe mit José, der ebenfalls Lehrer war. Sie mochte das Haus, das sie gemeinsam abbezahlten, und auch sonst gefiel ihr alles, woraus ihre Welt bestand, in jener Zeit einfacher und absoluter Sicherheiten.

Ihrer Erinnerung nach war sie auf die „Verrückte" des Städtchens, von der ihre Mutter behauptete, dass sie magische und hellseherische Kräfte habe, getroffen, als sie auf dem Weg zu der Mutter war, um die Kleinen nach der Schule abzuholen. Oder war es andersherum gewesen? Auf dem Weg zu ihrer Schule, wo sie versuchte, Teenagern Portugiesisch beizubringen und diesen pubertierenden jungen Erwachsenen, die mehrheitlich kaum mehr als ihren eigenen Namen schreiben konnten und nicht einmal den Unterschied zwischen Poesie und Prosa kannten, ein paar Grundkenntnisse aus der Literatur zu vermitteln. Jugen Menschen, die sich nicht darum scherten, was ihnen alles durch Namen von Leuten, die schrieben, aufgehen könnte.

Nun, mit etwas Abstand, erinnerte sie sich an die Gesichter und lächelte nachsichtig. Ihre Schüler lernten, in einem Durcheinander von Gefühlen, Wünschen und Entdeckungen zu leben. In einigen Fällen entwickelten sie sogar tatsächlich eine gewisse Sensibilität für das Schreiben. Sie lächelte, während sie an den einen oder anderen Schüler zurückdachte, der sich am Dichten einiger Verse versuchte, so wie sie, selbst noch Schülerin, es einige Jahrzehnte zuvor auf dem Gymnasium getan hatte. Ein Interesse für Poesie, das ihren eigenen Weg bestimmen sollte.

Es war ihre eigene Portugiesischlehrerin des neunten, zehnten und elften Schuljahres, Frau Doktor Isabel, gewesen, die als Erste ihre besondere Gabe für das Schreiben entdeckte. Dies zu einer Zeit, da sie all ihre persönlichsten und intimsten Gedanken ihrem Tagebuch anvertraute und auch ein paar naive Gedichte verfasste. „Du hast eine kreative Ader. Du solltest mehr daraus machen", sagte ihr die Lehrerin, mit der sie ihr Leben lang befreundet bleiben sollte. Es war dieselbe Freundin, die sie auch nach fast 20 Jahren noch liebevoll „Frau Lehrerin" nannte und der sie sich geöffnet hatte, als sie bemerkte, dass alles scheinbar zu Ende ging und sie an der Situation mehr und mehr zu ersticken drohte.

Isabel bemerkte ihre Angst oder schien sie zumindest zu bemerken und beriet sie nach bestem Gewissen. Auf eine beschützende Art und Weise sagte sie ihr etwas ausführlicher in etwa dasselbe, was Sol ihr so unvermittelt auf der Straße hinterhergeworfen hatte. Es war auch Isabel gewesen, der sie am Tag nach dem Streit und nachdem sie auch vor der Senhora de Fátima keinen Frieden gefunden hatte, ihr Herz ausschüttete. An jenem Osterfest fand Maria do Rosário keinen Trost für den Schmerz, der sie zerfraß, als sie in der in Purpur getauchten Kirche vor der Heiligenfigur niederkniete. Am Abend zuvor hatte José, ihr Ehemann, sie beschuldigt, der Familie nicht genug Aufmerksamkeit zu schenken, und sie angebrüllt. „Ich erlaube nicht, dass du gehst. Falls du doch gehst, wirst du dein blaues Wunder erleben!" Sie fragte nicht einmal, was er damit meinte. Sie schwieg nur und behielt in sich den tiefen Schmerz zurück, erkennen zu müssen, dass der, von dem sie geglaubt hatte, er würde sie besser kennen als jeder andere, nichts von ihr wusste, nichts von ihr sah. Nur das, was ihm in den Kram passte.

Seit Jahren hatte sie nicht mehr geschrieben. Schon seit sie die Universität beendet hatte. Doch als sie an der Tür des Lehrerzimmers das Plakat mit einer Anzeige für einen Kurs in kreativem Schreiben sah, der an der Universität angeboten würde, erfüllte sie ein unbändiger Wille, sich dafür einzuschreiben. Sie wusste nicht wirklich, was kreatives Schreiben sein sollte. Wohl aber war ihr bewusst, dass sie etliche Kilometer mit dem Auto zurücklegen müsste, um den Kurs abends besuchen zu können. Verdammt nochmal, dachte sie. Es wären schließlich nur zwei Abende pro Woche und ihre Kinder waren keine Babys mehr. Sie würde das Abendessen vorbereiten. Sie müssten es sich nur noch in der Mikrowelle aufwärmen.

Aber José hatte es nicht erlaubt. Und sie hatte den Kurs nicht besucht. Als sie am Morgen darauf im Zentrum des Städtchens einkaufen ging, fühlte sie einen starken Willen, mit ihrer Heiligen zu sprechen. Aber nein. Die Heilige konnte sie nicht beruhigen. Nicht die Heilige, nicht die purpurfarbenen Paramente und auch nicht die Kirche an sich. Schlimmer noch. Wie jemand, der eine Vision hat, blickte sie zur Senhora de Fátima und suchte nach Antwort, und da erschien ihr diese „Verrückte". Sol, die zu der Straße stadtauswärts blickte, ruhig und herausfordernd lächelte und ihr sagte: „Die Rosário, die du suchst, wartet auf dich, dort vorne, auf diesem Weg. Laufe und umarme sie."

Ihr fuhr ein Schreck durch die Glieder. Warum erinnerte sie sich gerade jetzt daran? Warum kamen ihr plötzlich Sol und dieser merkwürdige Vorfall wieder in den Sinn? Und zudem noch in der Kirche! Ausgerechnet, als sie zu ihrer Heiligen betete. Aus welchem Grund hatte sie sich an die „Verrückte" erinnert, die alle als Hexe und Zauberin bezeichneten und von der manche sogar lachend behaupteten, sie ritte nachts auf ihrem Besen ins Gebirge, um dort ihren Hexereien nachzugehen, den Mond anzubeten und Venus anzurufen! Wer war diese Sol?

Das, was sie von Sol wusste, war nur das, was man sich schon immer über sie in der Kleinstadt erzählt hatte. *Maria de la*

Soledade, Maria der Einsamkeit, so hieß sie mit vollständigem Namen, eine Frau mit üppigem, weißem Haar, zerlumpte Kleidung, alterslos. Offenbar war sie Spanierin, bei den vielen spanischen Sätzen, die sie von sich gab. Man erzählte sich, dass sie in Granada geboren war. So lautete zumindest die offizielle Version der Geschichte, die man sich in dem Städtchen erzählte. Niemand wusste, wer sie in Umlauf gesetzt hatte, wohl aber jemand, der bemerkt hatte, Sol könne eigentlich nur aus Granada stammen, denn wenn sie sagen wollte, dass etwas schön oder gut war, sagte sie stets, es sei „schön wie die Alhambra!"

Die Legende besagte, dass sie schon vor sehr langer Zeit in der Stadt aufgetaucht war, aus Liebeskummer. Niemand hatte jemals erfahren, um was für eine Art von Kummer es sich genau handelte, doch alle wiederholten, dass sie eines Kummers wegen geflüchtet war. Es gab Leute, die Sols Geschichte verklärten und die glaubten, dass ein derartiger Kummer immer mit nicht erwiderter oder enttäuschter Liebe zu tun hätte. Ist es letztendlich nicht so, dass, wer liebt, auch enttäuscht werden kann? Deswegen gab es Leute, die Sol einen Flamenco tanzenden Ex-Liebhaber oder sogar einen in der Arena zu Tode gekommenen Stierkämpfer andichteten und ihre Geschichten auf diese Weise ausschmückten. Dennoch gab es auch viele, die sie mit Respekt und einer gebührenden Distanz behandelten, überzeugt, dass sich hinter der verschlissenen Kleidung und der extravaganten und andersartigen Erscheinung tatsächlich eine Zauberin verbarg, eine von denen, die die tiefsten Geheimnisse der Alchemie kennen und sogar das Geheimnis des ewigen Lebens durch eine immerwährende Jugend.

Nun, Maria de la Soledade mochte eine Hexe sein, eine Wahrsagerin, eine Magierin, doch für Maria do Rosário schien sie eher eine Verrückte. Wie war es möglich, dass jemand, der sie nicht einmal kannte, von ihrer Zukunft wusste? Jemand, der in einem

Haus lebte, dessen genauen Ort kaum jemand kannte und wo niemand je gewesen war. Jemand, der inmitten unzähliger Katzen lebte, wie es hieß, und ebenso vieler Hunde, die in einer Meute um sie herum liefen, während sie durch die Straßen der Stadt streifte. Tiere, die sich auf dem Marktplatz in die Sonne legten, während Sol ihre Tees und Kräuter in kleinen Säckchen und Bündeln auf einer purpurnen, mit Gold bestickten und mit verschlissener Seide gefütterten Samtdecke verkaufte, auf dem Gehsteig neben dem Eingang zum Markt – ein Geschenk, von dem manche behaupteten, dass es ihr ein Zigeunertänzer in ihrer Jugend gegeben habe.

So saß sie am Rand des Marktes, wenn sie nicht gerade ohne erkennbares Ziel durch die Straßen der Stadt streifte, mit sich selbst redete und die Leute ansprach, um ihnen Botschaften der Toten, der Sterne oder von Gott selbst zu unterbreiten, je nachdem, ob sie an diesen Tagen in der Stimmung dazu war oder wahrsagen mochte. Es gab Tage, an denen sie den Mädchen das Schicksal voraussagte, die begierig waren zu erfahren, dass sie ganz bald einen Doktor oder Soldaten heiraten würden. Eine so willkommene Nachricht, dass sie dazu verleitet wurden, ihre Taschen zu öffnen und Sol einige Münzen zu geben.

Was geschah nur mit ihr? Sie war in die Kirche gegangen, um zu ihrer Marienfigur zu beten, und ihr war die Hexe in den Kopf gekommen? Wie konnte eine „Verrückte" wissen, was mit ihr geschehen sollte? Und warum war es Unserer Lieben Frau von Fátima an diesem Tag nicht gelungen, sie zu besänftigen? War die Heilige zu sehr mit der Erinnerung an die Spuren Christi beschäftigt? Diese und andere Fragen schwirrten durch Rosários Kopf, als sie den Weg zu dem Haus von Isabel hinaufging. Und all das nur, weil José ihre Idee abgelehnt hatte, sie einen Kurs für kreatives Schreiben besuchen zu lassen.

Sie schüttete Isabel ihr Herz aus. In einem ersten von vielen Gesprächen, die sie über Wochen und Monate führen sollten. Doch seit jenem Tag, an dem Sol erneut in ihr Leben getreten war, als sie vor dem Altar kniete, war Maria do Rosário nicht mehr dieselbe. In ihr wuchs ein immer stärkerer Wille, ein Wunsch und die Notwendigkeit, sich auf die Suche nach sich selbst zu machen, sich weiter vorne auf ihrem Weg fest zu umarmen, so wie Sol es ihr gesagt hatte.

Anfangs wusste sie nicht einmal, wie ihr geschah. Sie spürte nur den Schmerz, den ihr die Reaktion ihres Ehemannes zugefügt hatte. An diesem Tag, nach der unterschwelligen Drohung gegenüber ihrem Wunsch und der Notwendigkeit, sie selbst zu sein, war ihr klar geworden, dass ihr Prinz sich in einen Frosch verwandelt hatte. Doch je kleiner José in ihr wurde, desto mehr begann die andere Rosário zu wachsen, die Rosário, die sie in ihrer Jugend gekannt hatte und die sich in sich selbst zurückgezogen hatte, gedemütigt, verkümmert, seit sie aus der Universität in die Kleinstadt zurückgekommen war und das Leben führte, das ihr dort bestimmt war.

Am Abend dieses Gründonnerstags spürte sie den überwältigenden Wunsch zu schreiben. Sie schlief spät ein, von einer inneren Beklemmung befallen, die ihr Schmerzen in der Brust und ein Brennen im Magen verursachte. Sie erinnerte sich nicht mehr daran, wann sie die Angst überwunden hatte, wie viel Zeit nach Ostern verstrichen war, bis sie es schaffte, ihr erstes Heft zu kaufen, in dem sie begann, einzelne Ideen, spontane Einfälle, Gedanken aufzuschreiben. Von Zeit zu Zeit versuchte sie sich an einem Gedicht. Sie füllte ein Heft nach dem anderen. Und noch eins. Und noch eins. Schreiben war für sie ein intimer Vorgang, der zwischen ihr, dem Heft und dem Stift stattfand. Der Geruch der Tinte und die Textur des Papiers waren unerlässlich für den Fluss ihres Schreibens. Niemals würde sie auf der Tastatur eines

Computers etwas Wichtiges schreiben können, davon war sie überzeugt.

Von nun an führte sie zwei unterschiedliche Leben. Das eine in der Schule, durch die Stadt spazierend oder mit ihrer Familie. Das andere im Geheimen. Nur Isabel wusste, dass die andere Rosário zum Vorschein kam und dominierte, sobald sie allein in der Wohnung war, eine Rosário, die jahrelang in sich selbst verschlossen gewesen war. So kam es, dass sie insgeheim Heft um Heft füllte. Die Zeit, die ihr außerhalb der Schule oder der Familie verblieb, brachte sie mit Schreiben zu oder traf sich mit Isabel. Stundenlang unterhielten sie sich über ihre Texte oder über ihre Gabe, wie Isabel es nannte.

Zu Hause wurde ihr Mann ihr immer fremder. Jemand, mit dem sie lebte wie mit einem Stuhl oder einem Tisch. Jemand, den man täglich sieht und an dessen Anwesenheit man sich eben gewöhnt hat. Ihre Kinder wurden größer und wiederholten nur die Stereotypen, mit denen auch sie erzogen worden war. Oder schlimmer. Mehr und mehr wurde der Unterschied zwischen Mädchen und Jungen betont und kommerzialisiert, um ihn für den entsprechenden Konsum auszunutzen. Die Werbung war voll mit diesen künstlichen Unterschieden und der verschiedenen Art und Weise, sich zu kleiden und zu verhalten, konform selbstverständlich mit all dem, was man als männlich oder weiblich ansah. Maria hatte sogar ein rot eingebundenes Heft mit einem Text über das Thema „Eine Welt der Barbies und Kens" begonnen. So sehr sie es auch versuchte, konnte sie ihre Kinder doch nicht von dieser Tendenz abbringen.

Und so sehr sie sie auch liebte und das Beste für sie wollte, sah sie sie doch mit ganz anderen Werten aufwachsen als denen, die ihr einmal als ideal gegolten hatten. Sie sah sie Werte schätzen, die sie selbst einst verabscheut hatte: Erfolg, Reichtum, Status. Möglicherweise ist das der „Zeitgeist", wie man zu sagen pflegt, dachte sie. Was konnte sie schon ausrichten gegen die Macht der Gesellschaft, der Schule oder des Vaters? Manchmal ertappte sie sich bei dem Gedanken, dass sie genau wie ihre Mutter gescheitert war. Am Ende war sie wie alles gescheitert. Nur in ihren Heften und mit dem, was sie über sich und ihre Gefühle in sie hineinschrieb, wurde sie etwas glücklich.

Maria do Rosário geriet in einen immer größeren Zwiespalt. Fast erstickte sie an ihrem Doppelleben. Das wahre Drama begann nach dem Tod ihrer Mutter. Mit dem Erbteil des Hauses, das sie mit ihrem Bruder, einem Anwalt in Lissabon, teilte, erbte Maria do Rosário auch die erwachende Erinnerung an ihre Kindheit und an eine Geschichte, die in ihr wuchs und die nach und nach Hefte füllte. Und die Isabel las und kritisierte und über die sie mit ihr diskutierte. Ohne genau zu wissen, wie und woher, entstand in ihr ein Roman. Die Geschichte einer Familie über vier Generationen, die die portugiesische Geschichte des 20. Jahrhunderts umspannte. Die Geschichte nannte sie „Die Familie".

Mit dem Manuskript in der Hand fühlte sich Maria do Rosário mit einem Mal leer. Als wäre ihr die Luft genommen. Sie konnte nicht atmen. Nicht einmal weinen. Sie war wie versteinert. Innerlich tot. Mehr und mehr wurde ihr bewusst, dass es die Maria do Rosário, die mit José verheiratet war, nicht mehr gab. Nur Mutter, Lehrerin und jemand zu sein, der sich um alles kümmerte, reichte ihr nicht. Diese Maria do Rosário hatte aufgehört zu existieren. Für sie gab es nur noch das Schreiben, versteckt, in jenem Roman, der nie in den Druck gelangen würde. Sie sprach unzählige Male mit Isabel über die Veränderung, die sie durchgemacht hatte, und darüber, was sie tun sollte. Doch sie blieb stets ohne Antwort.

In ihr hallte der Satz von Sol nach. Sie sah die Hexe durch die Stadt ziehen, mit ihrer Meute, ohne je den Mut aufzubringen, sie anzusprechen. Was würden die Leute bloß sagen, wenn sie sie dabei ertappten, wie sie, die Portugiesischlehrerin, die Frau von José, sich mit dieser Verrückten unterhielt... Sie lächelte. Rosário sah Sol schon nicht mehr als verrückt an. Im Gegenteil. Sie beneidete sie um ihre Freiheit, ihre Selbstbestimmtheit und die Möglichkeit, ihr eigenes Leben zu leben, jenseits aller Begrenzungen. Sie blieb auf dem Marktplatz in der Morgensonne sitzen, sah Sol auf dem Gehweg ihre Kräuter und Tees verkaufen: Flohkraut, Minze, Kamille, Zitronengras, Anis, Basilikum, Pfefferminze, Oregano, Thymian.

Nie wandte sie sich an sie, auch jetzt nicht, nicht einmal unter dem Vorwand, was auch immer zu kaufen. Näher zu erfahren, was Sol ihr mit diesem Satz hatte sagen wollen, schüchterte sie ein. Hatte dieser hingeschleuderte Satz bewirkt, was er bewirkt hatte, was geschähe dann erst, wenn Maria de la Soledade ihr noch ein bisschen mehr über sich selbst enthüllen würde? Ein Schatten ihrer selbst, schlich sie durch die Tage.

Eines Abends am Tisch mit José und den Kindern zwischen zwei Löffeln Suppe entfuhr ihr der Satz: „Ich möchte von hier fort." Sie sagte es in einem so banal klingenden Tonfall und so leise, als würde sie sagen „Morgen werde ich Hühnchen für das Abendessen einkaufen." Die gleiche Banalität, mit der sie täglich dutzende Sätze ohne jeden Sinn sagte und von denen sie nicht einmal wusste, ob José oder die Kinder ihr überhaupt zuhörten. Dieses Mal bemerkte sie gleich, dass sie ihr zugehört hatten. José blickte vom Fernseher auf, der die Anrichte im Wohnzimmer schmückte und auch die Leere ihrer Leben ausfüllte, legte den Löffel beiseite und legte los: „Wohin willst du?" Die Kinder schauten sie an, muckstenbsich nicht, wie erstarrt. Auch sie legte den Löffel beiseite, schaute auf, begegnete dem gläsernen Blick des Ehemanns und sagte: „José, das ist doch kein Leben. Für dich nicht und nicht für mich. Lass uns getrennte Wege gehen."

Sie erinnerte sich nicht mehr an die Worte, die sie danach wechselten. Nur daran, dass alles mechanisch ablief und ohne alles Erinnernswerte, wie es fast immer gewesen war und ganz sicher in letzter Zeit. Wann hatten sie sich das letzte Mal geküsst? Wie lange schon hatten sie nicht mehr über einen Roman oder einen Essay gesprochen? Die Trennung wurde unverzüglich vollzogen. Einige Tage später packte Maria do Rosário ihre Bücher, ihren Computer, ihre Schreibhefte und die Hefte des Romans sowie etwas Kleidung zusammen und machte sich auf zu Isabel. Dort lebte sie zwei Monate recht provisorisch wie beim Campen.

Ehe sie fortging, überlegte sie noch, ob sie ihre Kinder mitnehmen sollte. Es waren schließlich ihre Kinder. Doch sie entschied, das Thema nicht anzusprechen. Es war ihre Entscheidung zu gehen, José würde niemals zulassen, dass die Kinder, die er noch als seine „Kleinen" ansah, obwohl sie längst zwei Jugendliche waren, mit ihr gingen. Und die Kinder sahen sie an, als erkannten sie sie nicht wieder. Sie schienen so verloren. Sie schluckte das Gefühl der Beklemmung und den Schmerz der Trennung von ihren „Kleinen" herunter. Aus der Ferne sah sie ihren Ehemann und die Kinder, wie sie sich in ihrem neuen Leben zurechtfanden. Sie würde die Kinder „verlieren", um sich selbst „zu gewinnen".

Es war ihre Entscheidung, und Entscheidungen haben ihren Preis. Die Alternative wäre zu bleiben, innerlich tot, sagte sie zu sich selbst.

Sie kümmerte sich um die Scheidung. Die Nachricht vom Ende ihrer Ehe führte zu Gerede in der Schule. Das Schuljahr endete. Sie bat um Auflösung ihres Vertrags, sie würde nicht weiter Portugiesisch unterrichten. Beim Anwalt hinterließ sie als Wohnsitz die Anschrift ihres Bruders in Lissabon, bei dem sie bleiben würde. Und natürlich auch eine Handyummer. So tat sie es auch den Kindern und José gegenüber, von dem sie sich immer

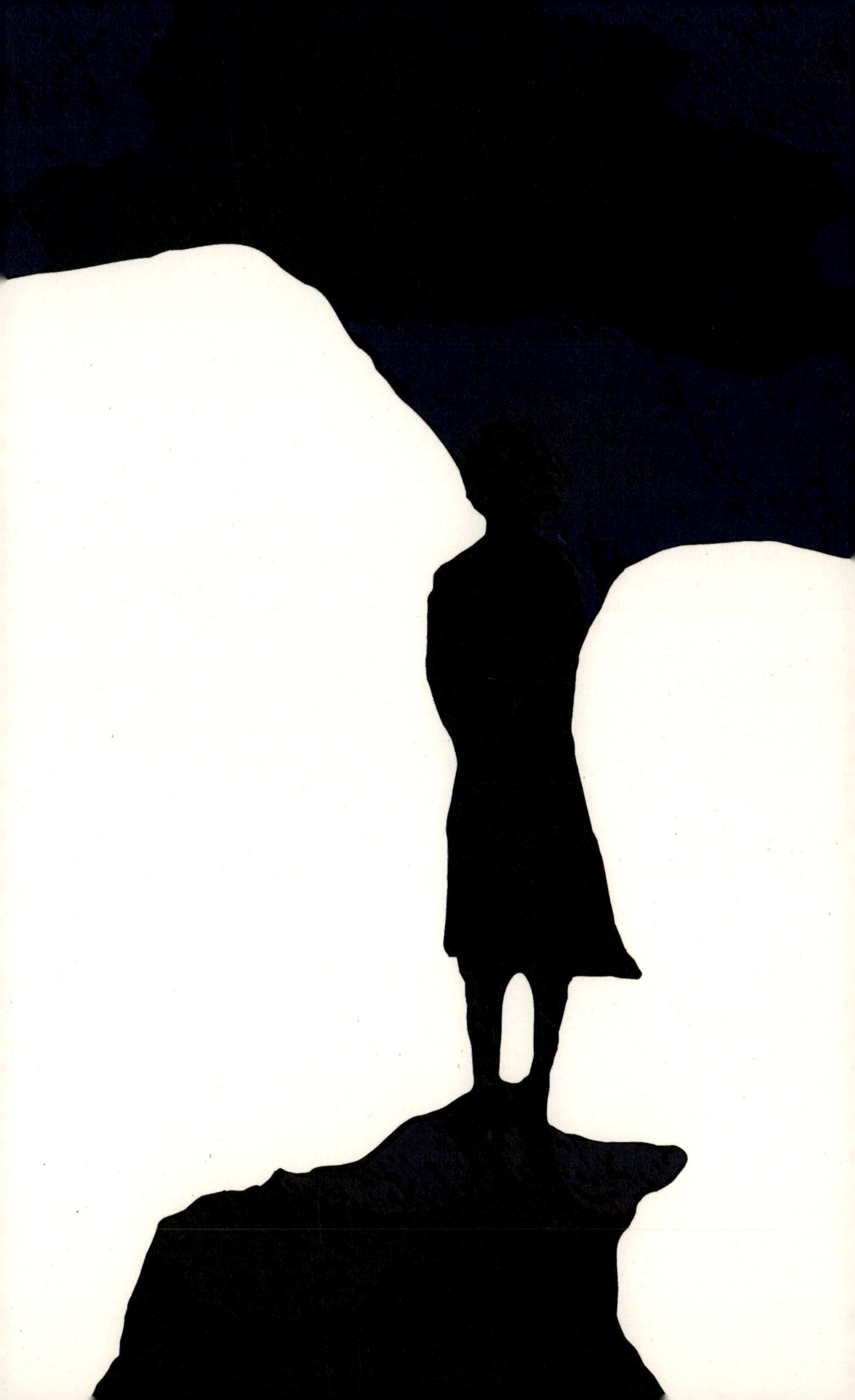

weiter entfernte. Das Geld, das sie von ihrer Mutter geerbt hatte, würde für eine Weile reichen. Sie konnte ein wenig aufatmen und Sols Prophezeiung leben. Sie wusste lediglich, dass sie in Lissabon ankommen und einen Weg finden wollte, wie ihr Roman von den Verantwortlichen eines Verlages gelesen würde. Sie hatte ein paar Ideen, an wen sie sich wenden könnte. Sie hatte im Internet recherchiert und besaß ein paar Adressen, Telefonnummern und wusste sogar Namen.

An jenem Samstagmorgen wachte sie früh auf. Vom Bett aus blickte sie auf ihr Gepäck, das schon bereitstand, um den Reisebus zu nehmen, etwas Kleidung im Koffer, Hefte und ein paar Bücher in einer Tasche und der Computer im Rucksack. Später würde sie die anderen Bücher holen lassen, die erst einmal bei Isabel zurückblieben. Sie stand auf und streckte sich. Vom Fenster aus konnte sie das Meer sehen. Lächelnd dachte sie: „Das ist zum Abschied." Sie trat aus dem Haus, lief an den Strand ihrer Kindheit, vor den Toren der Stadt.

Sie lächelte, als sie aus dem Wasser trat und an Maria de la Soledade, die Zauberin dachte, die tatsächlich alles schon gewusst hatte, während sie selbst sich damals noch fragte: „Wer wird nur die Maria do Rosário sein, die auf mich wartet, dort vorne, auf dem Weg? In welches Wasser werde ich nun eintauchen?"

Aus dem Portugiesischen von Kira Jeske unter Mitwirkung der Herausgeberinnen.

São José Almeida wurde 1960 in Lissabon geboren. An der Faculdade de Letras der Universität Lissabon studierte sie Geschichte. Sie ist Journalistin der Zeitung *Público* und begleitete in dieser Tätigkeit über 20 Jahre lang politische Institutionen. Zwischen 1995 und 2005 war sie als Parlamentsreporterin tätig und berichtete vor allem über Menschenrechtsverletzungen. Insbesondere jedoch setzte sie sich für die Rechte der Frau ein. Im Jahr 2009 wurde sie von der Europäischen Kommission mit dem Journalismus-Preis für das Thema Gendervielfalt und ihren Einsatz für die LGBT-Gemeinschaft ausgezeichnet. Sie hat mit Rita Roquette de Vasconcellos die Anthologie *Do Branco ao Negro* ins Leben gerufen und in dieser die Erzählung *Roxo – Caminhos* geschrieben. Darüber hinaus veröffentlichte sie zwei weitere eigenständige Werke *Homossexuais no Estado Novo* (2010) und *Continuar a tentar pensar* (2011).

Kira Jeske wurde 1992 in Buxtehude geboren. Nach dem Abitur 2011 absolvierte sie ein Volontariat in einem Kinderheim in Gramado im Bundesstaat Rio Grande do Sul (Brasilien) und begann 2012 am FTSK Germersheim der Johannes Gutenberg-Universität Mainz Sprache, Kultur und Translation mit den Studienfächern Spanisch, Portugiesisch und Französisch zu studieren und besuchte auf freiwilliger Basis Zusatzkurse im Fach Gebärdensprache. Während ihres Bachelorstudiums absolvierte sie unter anderem ein Auslandssemester an der Universidad del País Vasco in Vitoria Gasteiz (Spanien) sowie Praktika in Institutionen der Bundesrepublik Deutschland wie der Deutschen Botschaft in Brasília und dem Goethe-Institut in Uruguay und war als wissenschaftliche Hilfskraft der Universität Koblenz/Landau in einem EU-geförderten Codier- und Übersetzungsprojekt zur europäischen Integration tätig. Im März 2016 schloss sie ihr Bachelorstudium am FTSK Germersheim erfolgreich ab und studiert seit September 2016 in einem berufsbegleitenden MBA-Studiengang.

schwarz

Yvette K. Centeno

NIGREDO

•

1

‚E ist ein glücklicher Zufall. Dass ausgerechnet ich darum gebeten werde, von schwarz zu sprechen. Ich, die ich so viele Male das Schwarze der Seele studiert habe; die *Schwärze* der Alchemisten, in der Poesie, der Malerei und in den Träumen – meinen eigenen oder denen anderer –, wo das schwarze Zeichen dermaßen stark wirkt, dass es manchmal empfunden wird wie ein Schlag in die Magengrube...'

Bárbara schrieb einem langjährigen Freund, ihrem Mentor von damals, als sie an ihrer Promotion über die alchemistische Symbolik in Goethes *Faust* arbeitete.

Es ist eine von Schwarz überladene Tragödie im ersten Teil und gefüllt vom Verlangen nach Freiheit im zweiten, ausgedrückt durch das Licht der Utopie. Ein grundlegendes Werk, pflegte sie ihren Studierenden zu sagen, das an der Universität häufiger behandelt werden sollte.

Allein über das Konzept des Dialogs zwischen Gott und Mephisto während einer Wette über den Menschen und sein Schicksal, abgeschlossen auf Augenhöhe... gleich darüber, im *Prolog im Himmel*, könnten wir wochenlang diskutieren. Gibt es eine Errettung für das menschliche Wesen, die kleine Narrenwelt, wie Mephisto sagt, oder wird es, komme was da wolle, immer Erlösung geben, da der Mensch in seiner Essenz nach Erkenntnis strebt und die Erkenntnis die Erlösung ist?

Die Studierenden waren häufig perplex, sahen sie an und fragten sich: Was bedeutet das jetzt für uns? Was erwartet uns nun? Wird sie uns etwa mit diesem ganzen philosophischen Zeug quälen, wo wir doch nur schnell und gut das Ende des Semesters erreichen wollten....

Doch dann würden sie am Semesterende ankommen, einige – versteht sich – besser als andere, und manche hätten eine wahre Freude am Lesen und Schreiben entdeckt. Man kann nicht gut schreiben, wenn man nicht gut und vor allem viel gelesen hat...

Genauso hat sie gerne gelehrt: Lektüre und Reflektion einfordernd.

In einem Seminar für Künstler suchte sie nach weiteren Beispielen wie etwa *Das Schwarze Quadrat* von Malewitsch: ein Ölgemälde, das, nur scheinbar unscheinbar, die Art und Weise revolutionieren sollte, wie man den Schöpfungsakt auffasste. Aus dem Schwarz, das versinkt, bricht das Licht der Farbe Weiß hervor; ein Weiß voller Sinn (und Sinne). In einer anderen Sitzung konnte sie über den Theosophen Jakob Böhme sprechen, bekannt für sein Traktat *Aurora oder Morgenröte im Aufgang*, in dem er seine Vision einer aus der Finsternis entstandenen Welt erklärt und dabei das Böse, das Schwarze unseres Universums, schon in der Wurzel seines göttlichen Ursprungs rechtfertigt. Gott habe in der Finsternis seine Schöpfung gegründet und es sei Aufgabe des Menschen, ins Zentrum der Schöpfung gestellt, die Verfeinerung dieser dichten, zähen Materie im Sinne einer leuchtenden, schöpferischen Energie zu *bewerkstelligen*. Der Mensch wäre Schöpfer, ein Ebenbild Gottes. Besagten die Heiligen Schriften nicht, Gott schuf den Menschen nach seinem Bild, als sein Ebenbild schuf er ihn?

Sie dachte also an ihren ehemaligen Mentor, einen Jungianer, der sich selbst als Alchemisten sah und dem sie gerade schrieb.

Er hatte mittlerweile das neunzigste Lebensjahr erreicht, noch immer aktiv und luzide, ohne je mit den Seminaren aufgehört zu haben, die samstagabends in Saint-Germain-des-Prés stattfanden und an denen auch sie jahrelang teilgenommen hatte. Im Anschluss an das Seminar gingen alle Teilnehmer ins Café de Flore, in dem die Gespräche in ungezwungener Atmosphäre fortgesetzt wurden. Paris besaß diesen Zauber der Straßencafés, die an jeder Ecke zu finden waren. Doch in den 1960ern und 1970ern – vor der Nelkenrevolution in Portugal – war der Reiz für sie noch größer: es gab ein starkes Gefühl von Flucht und von Freiheit, das ihr in ihrem Heimatland fehlte.

Sie schrieb weiter:

‚Beim Ordnen des Durcheinanders meiner Unterlagen bin ich auf die Ausgabe der *Cahiers Junguiens* gestoßen, in der Du einen Traum aus meiner Kindheit zitierst, den ältesten Traum, an den ich mich noch erinnern konnte, als Du uns darum gebeten hast, über einen alten – oder den ältesten – Traum aus der Kindheit zu schreiben. Noch heute erinnere ich mich genau an die Einzelheiten, wie ich sie damals erzählt habe. Es war streng genommen kein Traum, sondern ein Alptraum. Ich wachte senkrecht im Bett sitzend auf und weinte, bis mein Vater kam.

Wie alt mag ich damals gewesen sein? Auf keinen Fall älter als vier oder fünf. Als ich sechs war, brachen wir auf nach Argentinien, doch den Traum hatte ich viel früher und er kehrte nie wieder zurück.

Jetzt, da ich darüber nachdenke, sehe ich in ihm das Zeichen des Schwarzen.

In dem Traum bin ich aus irgendeinem Grund in dem Haus des Teufels, seiner Frau und seiner beiden Töchtern; es ist ein dunkles Haus, wie ein Keller, ein rotes Feuer brennt und erleuchtet es, ich trage weiße Kleidung und breche in Tränen aus, als alle anfangen, mein Kleid mit schwarzem, stinkendem Schlamm zu beschmutzen.

Du fandest den Traum äußerst bedeutsam und schriebst ihn Dir auf.'

In Wirklichkeit saß Bárbara gerade in einem der Straßencafés am Ufer des Flusses Gilão in Tavira, um sich gedanklich zu zerstreuen, wie sie es am Ende eines jeden Tages zu tun pflegte.

Nun, da es dort außer der Erinnerung an ihre Familie nichts mehr gab, hatte sie sich angewöhnt, einige Tage im Sommer in der hoch gelegenen Pousada zu verbringen. Sie ging nicht an den Strand, sie hatte eine Sonnenallergie entwickelt. Doch sie liebte es, zum Fluss hinunterzugehen. Als Jugendliche hatte sie am Ufer dieses Flusses ihren ersten Gedichtzyklus geschrieben: *Poemas do Amor de Grischa*. Sie hatte damit an einem Schülerwettbewerb in Coimbra teilgenommen und den ersten Preis gewonnen...

2

Sie hatte zu schreiben begonnen, doch dann verlor sie sich ein wenig in den Ideen, die ihr bei dem vorgegebenen Thema helfen könnten. In ihrer Handtasche hatte sie stets ein Heft dabei, in dem sie festhielt, was ihr gerade in den Sinn kam: manchmal ein Gedicht, andere Male lose Gedanken, um diese später in ihren Seminaren weiterzuentwickeln.

Da sah sie, wie Tomás sich näherte, wie sie selbst ein ehemaliger Bewohner Taviras, und hörte ihn fragen:

– Darf ich mich setzen?

– Natürlich! Wie schön...

– Wie lange ist es her...

Es war wirklich Tomás, ebenfalls Schriftsteller, derzeit vor allem erfolgreicher Unternehmer. Der Tourismus an der Algarve, die Sonne, der Strand, was könnte man sich im Alter mehr wünschen? Da waren sie nun und unterhielten sich ein wenig, zwei Alte, obwohl sie diese Tatsache auszuklammern suchten...

Es war heiß, an den Tischen um sie herum wurde viel Bier, viel Cola getrunken. Man hörte Spanisch, Französisch, Deutsch, auch ein wenig Englisch.

Die Engländer kamen jedoch weniger nach Tavira. Sie verlegten sich eher auf Lagos oder Albufeira, wo die Hippies der 1960er eine ziemlich libertäre Atmosphäre geschaffen hatten. Die berüchtigtsten durchzechten Nächte in der Bar „Sete e Meio" endeten in den frühen Morgenstunden damit, dass alle an den Strand der Fischer rannten und sich dort ins Wasser stürzten.

Tavira, kleinbürgerlich, war in jenen Jahren noch kaum mehr als ein verschlafenes Nest am Fluss.

Jetzt war das anders. Auch diese Stadt war dem Tourismus und den Touristen erlegen, einer Sorte wenig künstlerischer Menschen, die sich in den Cafés und Restaurants dem Park gegenüber die Bäuche vollschlugen und tranken. Ein Park, der dabei war, seine Pracht zu verlieren, überfüllt mit Verkaufsständen und dröhnenden Lautsprechern, aus denen Geschrei tönte, als sei die Bevölkerung taub. Es war eine Wohltat, wenn alles verstummte, sobald das Wochenende vorbei war.

– Ich habe weiter oben in der Nähe des ehemaligen Anwesens deiner Großmutter ein Haus, sagte er, ich komme im Winter hierher, wann immer ich kann, aber im Sommer komme ich nur wegen der Enkel. Im Sommer ist es hier unerträglich.

– Ach, ich komme leider nur selten, doch ich vermisse es sehr, für mich ist Tavira ein Ort aus Vergangenheit und Erinnerung, eine nur noch imaginäre Stadt, wo ich glaube glücklich gewesen zu sein, ohne es gewusst zu haben. Als Kind glaube ich, immer glücklich gewesen zu sein.

– Wir wissen nie, wann wir glücklich sind. Tavira ist mein Zufluchtsort, wohin ich mich zurückziehe, wo ich mich ausruhe und wo ich manchmal arbeite. Das muss sein.

– Manchmal habe ich Sehnsucht nach dem Haus meiner Großmutter, sagte Bárbara. Als ich schon älter war, verbrachte ich dort einige Zeit; eigentlich wollte ich vor allem weg, weit weg, ich weiß nicht so recht. Ich hatte das Gefühl zu ersticken, immer bewacht. Seltsam, dass es sich in diesem Augenblick ganz anders anfühlt, als hätte ich dort vor allem schöne, glückliche, entspannte Momente erlebt. Ich erinnere mich an Rogério, den Thunfisch-Fischer, und an Antónia, die sich um uns kümmerte. Wir spielten im *Jardim da Alagoa*, wie man den Park damals nannte. Hat sich der Name eigentlich geändert?

– Ich hatte auch das Gefühl, dass Tavira mich erstickte. Lesen war meine einzige Rettung, sagte Tomás. Hast du gelesen?

– Ich habe die ganze Zeit gelesen. Nachmittags blieb ich im Bett und tat so, als hielte ich einen langen Mittagsschlaf, doch in Wahrheit habe ich gelesen. Ich las alles Mögliche, über alles Mögliche. Das Erlaubte und das Verbotene. Doch das Verbotene war keine große Sache, verglichen mit dem von heute. Schriftsteller wie Eça de Queiroz, stell dir vor! Und Alves Redol, mit seinen Mädchen aus der Provinz, über die meine Vettern und ich uns lustig gemacht haben; unseren realistischen Naturalismus mochte ich nie besonders. Heute würde ich es stinklangweilig nennen, genau wie meine Enkel. Es war damals nicht üblich, Mädchen lesen zu lassen, doch meine Eltern ließen mich alles lesen. Ich erinnere mich noch, wie sehr ich Aquilino Ribeiro mochte mit seiner Beschreibung vom Glanz und Elend unserer Könige. Letztlich hat sich wenig geändert, wir könnten uns wieder daranmachen, vom Reichtum und Elend der heutigen Zeit

zu schreiben. Na ja. Später war ich von Agustina Bessa-Luís'
Romanen *Os Incuráveis* und *Ternos Guerreiros* besessen, ich habe sie
nachmittags in der Hitze Taviras gelesen. Und Clarice Lispector,
ihrem wilden Herzen fühlte ich mich ganz nah.

Es schien ihr, als würde sie sich wiederholen, als hätte sie dies
schon unzähligen Personen geschrieben und erzählt, dutzende
Male. Wo waren derart intensive, grausame, leidenschaftliche
Seelen geblieben? Geisterten sie umher, in ihren leichten Körpern, aufgelöst an den Grenzen der Vorstellungskraft?

Er drückte seine Zigarette aus. An der freien Luft durfte man
noch rauchen. Doch ich rauche weniger, sagte er, ich hatte ein
Herzproblem und rauche jetzt viel weniger.

Die Probleme:

Es war fatal in unserem Alter, bereits über siebzig, wenn man
an dem Punkt angelangte, an dem man über Probleme sprach.
Lunge, Herz, Krebs an dieser oder jener Stelle, letztlich drehte es
sich ums Überleben.

In unserem Alter würde alles zu der Frage nach dem Überleben führen, nicht nach dem Leben. Traurig.

Sie ließ ihn weiter reden, ruhig, unaufgeregt.

– Das war nichts, nur eine Warnung, weiter nichts. Ich rauche
trotzdem.

Er zündete sich eine weitere Zigarette an, ließ sie jedoch im
Aschenbecher glimmen.

Es war Ebbe, man sah den ein oder anderen Jungen, der etwas
fing, das im lehmigen Wasser des Flusses nicht genau zu erkennen war.

Sie suchte mit ihrem Blick in der Ferne, an der Hafeneinfahrt,
das tiefere Wasser, das ihr Lebensschiff hatte Schiffbruch erleiden lassen, das das Haus der Großeltern in den Dünen verschluckt hatte und in jenem Jahr die Kinder am Strand er-

schreckte; die Mütter hatten geschrien und ihre Kinder aus den Wellen gezogen. Keines ertrank, sie hatten sich nur erschrocken, doch war man in dieser Gegend nie wieder spazieren gegangen, die Mütter ließen sie nicht.

– Du bist noch ein paar Jahre lang hergekommen, um in Tavira Urlaub zu machen. Ich war jünger als du, doch ich erinnere mich an dich am Strand, in der Ferne, wie du spazieren gingst, du hast mit niemandem gesprochen.

– Damals mit jemandem zu sprechen war, als wäre man verlobt oder ihm zur Heirat versprochen. Es war eine Zeit von Klatschtanten, von Verdächtigungen, Beschuldigungen, und wer weiß von was noch. Ich fühlte mich nicht wohl, ich bin nur wegen meiner Großmutter nach Tavira gekommen. Und wegen des Strands, das ja, die langen Spaziergänge am Strand, ganz allein.

– Das stimmt. Doch ich weiß noch, dass du einen festen Freund hattest.

– Das war nur ein Freund. Siehst du? Ein Freund war gleich ein fester Freund. Damals war mein Vater nicht dabei. Tavira erinnerte ihn an Hausarrest. Er war eine Last für die anderen und hatte meine Großmutter und den Rest der Familie nur verärgert. Sie schämte sich für ihn, wenn er wieder einmal von der PIDE inhaftiert wurde.

– Weißt du, woran ich mich am besten erinnere? Daran, wie die Frauen immer schwarz gekleidet waren, völlig vermummt, und so war es auch, in Schwarz, wie sie an den Strand gingen...

– Sie müssen gestorben sein vor Hitze.

– Der Hinweg war ein Abenteuer: erst mit dem Bus, danach mit dem Boot...

– Und erst der Rückweg...

– Das Land hat sich stark verändert, das muss man schon sagen!

3

Tatsächlich hatte sich das Land von heute, im 21. Jahrhundert, kaum verändert. Dieselben Ängste, dieselben Mechanismen, die sofort zu Bedrohungen wurden, wenn man nicht gehorchte und schwieg.

Es war eine Illusion, dass man in den eigenen Entscheidungen frei war... man war nur den Gefahren des Lebens ausgesetzt, das schon.

Bárbara sagte, sie sei richtiggehend verarmt. Er lebte weiterhin gut. Sie versuchten von da an, derart heikle Details in ihren Gesprächen – es gab viele im Lauf dieses Sommers – zu vermeiden, da sie nur unweigerlich in Bitterkeit enden und zu Beschuldigungen gegenüber einer korrupten Regierung führen würden, die ausschließlich Parteimitglieder bevorzugte; es schien, als wäre es in allen Parteien dasselbe.

Tomás war schon immer ein Einzelgänger gewesen, obwohl seine Arbeit ihn zu vielen Begegnungen, vielen Verabschiedungen in den Ruhestand, vielen Feierlichkeiten zwang.

Man sprach von der Krise. Doch welcher Krise?

Tomás war in Tavira, auf seiner Veranda, ohne einen Zeitvertreib. Er schämte sich, als ihm der Gedanke kam, es würde ihm behagen, wenn er dort eine Decke hätte, wie einst sein Großvater: im Korbsessel zurückgelehnt, eine Decke auf den Beinen, schlafend.

Er erinnerte sich an das, was er ihm damals gesagt hatte, wenn er zwischen den Nickerchen hin und wieder die Augen aufschlug.

Herr Großvater, Sie schlafen aber was das Zeug hält! Und der Großvater lächelte und schlief wieder ein.

Tödliche Langeweile.

Die Nacht brach herein, weiter nichts. Tomás blieb nicht auf, um sich den schwarzen Himmel anzusehen, der von Sternen übersät war.

Vielleicht die Nachrichten auf CNN? Nein, nicht einmal das, die Welt da draußen ist auch langweilig geworden. Nur Gewalt, überall... die Welt war ins Dunkel gestürzt, in die Finsternis...

Mit einem Mal ergab es keinen Sinn mehr, am Leben zu sein.

Er nahm noch einmal seinen einzigen Versuch eines Romans zur Hand, in dem der junge Protagonist sich umgebracht hatte. Allerdings nicht aus Langeweile, sondern aus Liebe, was Blödsinn war. Vor Langeweile zu sterben, ergibt heutzutage Sinn, dachte er, doch vor Liebe zu sterben eher nicht. Die Menschen bringen sich nicht um, sie trennen sich, wie er sich von seiner Frau getrennt hatte, oder sie sich von ihm. Das war so lange her, dass er sich an den Grund nicht mehr genau erinnerte. Irgendeine Verstimmung, irgendeine Dummheit, er erinnerte sich gut an den Skandal in Tavira. Wir waren Vorreiter, dachte er, vor der Revolution. Später war alles erlaubt.

Wie hatte sich der junge Mann in dem Roman noch einmal umgebracht?

Bárbara hatte ihn auf diese, zweifellos absurde, Idee gebracht, sich den Roman nochmals anzuschauen und ihn erneut zu veröffentlichen, überarbeitet, und, wer weiß, aktualisiert? Er könnte in einem ihrer Seminare gelesen werden.

Er würde bald beim letzten Kapitel ankommen, doch er wollte sich Zeit lassen. Er erinnerte sich nicht einmal mehr, war es möglicherweise durch einen Schuss aus der Schrotflinte gewesen, er ging häufig mit seinem Großvater auf die Jagd, ja, dieses Ende war am wahrscheinlichsten. Oder waren es Tabletten? Oder sollte er sich nachts im Meer ertränkt haben vor dieser wunderschönen *Ilha de Tavira*?

Es ist kaum wichtig wie.

Er starb, das ist das Wesentliche. Ich brachte ihn um, damals, aus Gründen der Liebe.

Er würde diesen Roman nie wieder überarbeiten, und noch weniger würde er zulassen, dass er in einer Schreibwerkstatt gelesen würde...

In Wahrheit ließ er, indem er seine erfundene Figur sterben ließ, nur seiner jugendlichen Wut gegen die ganze Welt freien Lauf: gegen die Familie, die ihn kontrollierte, indem sie ihn nicht sofort nach Lissabon gehen ließ – wo er eine Freundin hatte, die sich natürlich einen anderen suchte, als er nicht kam – und ihn zwang, in Faro aufs Gymnasium zu gehen, das ihm verhasst war wegen der Regeln und Pflichten, denen sich die Schüler unterwerfen mussten, die Frau, bei der seine Eltern ein Zimmer für ihn angemietet hatten, in Sachen Pflichten noch schlimmer als das Gymnasium, kurz und gut, er hatte seinen Held getötet, damit er an seiner Stelle starb, aus Liebeskummer, da er wusste, dass er seiner Geliebten der sommerlichen Strände nie wieder begegnen würde. Er dort, sie in Lissabon, das er sich als den Ort aller Freiheiten, allen Glücks vorstellte.

Er täuschte sich, ganz offensichtlich, doch das sollte er erst später erfahren.

Die Freiheit war in Lissabon nicht sonderlich anders. Im Vergleich zur großen Welt war Lissabon genauso erstickend wie sein schwarzes Tavira. In Lissabon träumte man von Paris, Brüssel, Amsterdam, Berlin... Von anderen Lichtern.

Die Künstler, die dem Regime entkamen oder sich dem Militärdienst entzogen, wanderten aus. In Paris gab es eine ziemlich große Gruppe exilierter Portugiesen.

Hätte ihn in jenen Jahren, als Tomás sein erstes Buch schrieb, das er nie wieder neu auflegen sollte, jemand wie Rilke beraten, so hätte der zu ihm gesagt: in einem Erstlingswerk nichts über die Liebe, und schon gar nichts zur Leidenschaft. Doch er, jung und unvorbereitet und voller neorealistischer Neurosen, hatte über Begehren und Leidenschaft geschrieben, obwohl er die Liebe ausgespart hatte. Und dann verfiel er dem, was Rilke als das Schlimmste ansah: mal einem lächerlichen Provinzialismus, mal einer vulgären Grobheit, weit entfernt von der Sinnlichkeit, von der er dachte, sie käme beim Leser an.

Hatte er aufgehört zu schreiben? Gut so. Ein Unternehmen zu leiten war eine gute Entscheidung gewesen.

Und damit hatte es sich.

4

War es lediglich das Alter?

Ein Gefühl in Bezug auf Bárbara, die am Ende des Tages nicht mehr erschien – war sie nach Lissabon zurückgekehrt, hatte sie den Urlaub unterbrochen, ohne ihm etwas zu sagen?

Die Begegnungen waren eher zufällig, doch fast zur Routine geworden, er ging schon aus dem Haus mit dem Gedanken an das Straßencafé, den Kaffee und das ukrainische Mädchen, das sie bediente.

Er fühlte sich hundemüde.

Wie Mallarmé hatte er ausgerufen, er habe alle Bücher gelesen... und alles gelesen zu haben, über solch einen langen Zeitraum, hatte ihm das Leben zerstört: er hatte vergessen zu leben. Wie Judas hatte er seine Seele so oft verkauft..., dass er dabei gleichgültig geworden war. Er hatte sich den Spaß am Lesen bewahrt, das schon. Er hatte eine bemerkenswerte Bibliothek, fast die eines Sammlers, mit vielen Erstausgaben, und auch hier in Tavira musste er nicht auf seine Lieblingsbücher verzichten.

Bárbara hatte von ihrem Vater gesprochen, von Freimaurerei, von den Schwarzen Winkeln, heimlich, dort in Tavira, von dem Café in Monchique, in dem einige Menschen festgenommen worden waren, sein Vater und ihrer... Tomás zuckte mit den Schultern. Das also bedeutete Altsein: die Gleichgültigkeit, der kalte Körper, die vertrocknete Seele. Er hatte sich nie die Mühe gemacht, mit seinem Vater über solche Dinge zu reden. Aber bei seinen Geschäften, seinen Erfolgen, hatte er schon mehrmals eine versteckte, schützende Hand gespürt...

Jetzt, auf seiner Veranda, seinen Gedanken ausgeliefert, sah er sich alt und verraten, auf die schlimmste Weise: von sich selbst.
Alt und, viel schlimmer, gelangweilt.
So viele Jahre schon von seiner Frau getrennt, und auch seine Kinder und Enkel, die er sehr mochte, sah er kaum... er ging in die Küche, machte sich einen Kaffee, schenkte sich einen Cognac ein und wartete auf seiner Veranda, dass irgendeine innere Ruhe ihn forttragen, ihn einwiegen würde, wie eine Welle.
Der Strand war weit weg und er war so müde, er hätte das Auto nehmen müssen, um dorthin zu gelangen.
Welche Trägheit, welche Faulheit.
Er streckte sich auf dem Korbsessel aus und schlief beinahe ein.
Die Nacht fiel herein, und auch er fiel allmählich in dieses sanfte Halbdunkel, vielleicht wegen des Alkohols. Er war es seit seiner Erkrankung nicht mehr gewohnt zu trinken.
Der Strand: Der Strand war dort.
Ein Strand voll unregelmäßiger Dünen, vom Meer umspült.

Es gab glückliche Gestalten, Jugendliche, die sich umarmten, ins Wasser rannten,
fernes Gelächter,
Weinen,
Seufzer,
Schatten, die verschwanden,
sich auflösten...

Die Wellen lassen all das verklingen.

5

Ein anderes Ende?
Ein anderes Ende:
Er war also dort, halb auf seinem Stuhl eingeschlafen, seinen Blick auf das Meer gerichtet, als ihm schien, dass Bárbara ins Wasser rannte, die Hände voller Papier, ein Teil davon war ihr schon in die weiße Gischt gefallen, ohne dass sie sich jedoch umgedreht und nach ihnen gegriffen hätte.

Er sah, wie sie ins Meer ging, weit hinaus schwamm, an diesem Nachmittag, beinahe schon Abend, ein milder Abend, von einer murmelnden Stille (ihm fiel auf, dass es ein Murmeln in der Stille gab, das hatte er zuvor nie bemerkt); langsam schwamm sie immer weiter hinaus und die Seiten trieben um sie herum dahin wie auf einem zufälligen Floß, leicht und durch die Wellen aufgeweicht, hunderte und aberhunderte Blätter Papier mit bereits ausgewaschener Schwärze, jeglicher Sinn war verloren...

Er schüttelte den Kopf und erwachte aus seiner Trägheit: hatte er gedöst oder jenes Verschwinden eben wirklich miterlebt? Jenen merkwürdigen Suizid?

Bárbara, eine starke Frau, das war nicht ihre Art.

Er trank seinen Cognac aus und dachte darüber nach, wie er das Ende seines gescheiterten Jugendromans geändert hätte: der junge Mann würde sich nicht umbringen, nein, das war ein Zeichen der fehlenden Reife seines Schreibens. Und ebenso wenig würde er, aus einer romantischen Regung heraus, seine Ex-Frau oder Geliebte töten, oder was sie auch immer war. Nein.

Er hatte soeben, in diesem nachmittäglichen Halbschlaf, auf der Veranda in seinem Tavira gesehen, wie das Ende seines Buches aussehen würde, falls er sich wieder daran machte.

Von Weitem, von ganz Weitem, in vollkommener Entfernung, würde er, über den alten Dächern fliegend, die Augen sich im Meer verlierend, weder sterben noch töten, er würde lediglich dem Tod eines anderen beiwohnen, es müsste nicht einmal Bárbara sein, doch in Wirklichkeit war sie es, die er in der Ferne sah, die sich im Wasser zwischen hunderten und aberhunderten Blättern verschmierten Papiers auflöste...

:eine Freundin aus vergangenen Zeiten, mit anderen Worten, eine Unbekannte.

6

Bárbara widmete sich wieder ihrem Brief, der sich in einen langen Entwurf verwandelte, der ins Reine geschrieben werden müsste, um leserlicher zu werden.

Der Brief galt ihrem ehemaligen Mentor und jenem ersten Traum, der sie vor all diesen Jahren zu einer aufmerksamen und fleißigen Schülerin gemacht hatte. Im Grunde fast ihr ganzes Leben. Sie wusste, dass sie am Ende ihres Lebens angelangt war. Um sie herum waren schon so viele gestorben, manche zur richtigen Zeit, denn es gibt eine Zeit für alles, andere zur Unzeit, und das war das Schlimmere: die falsche Zeit im Leben.

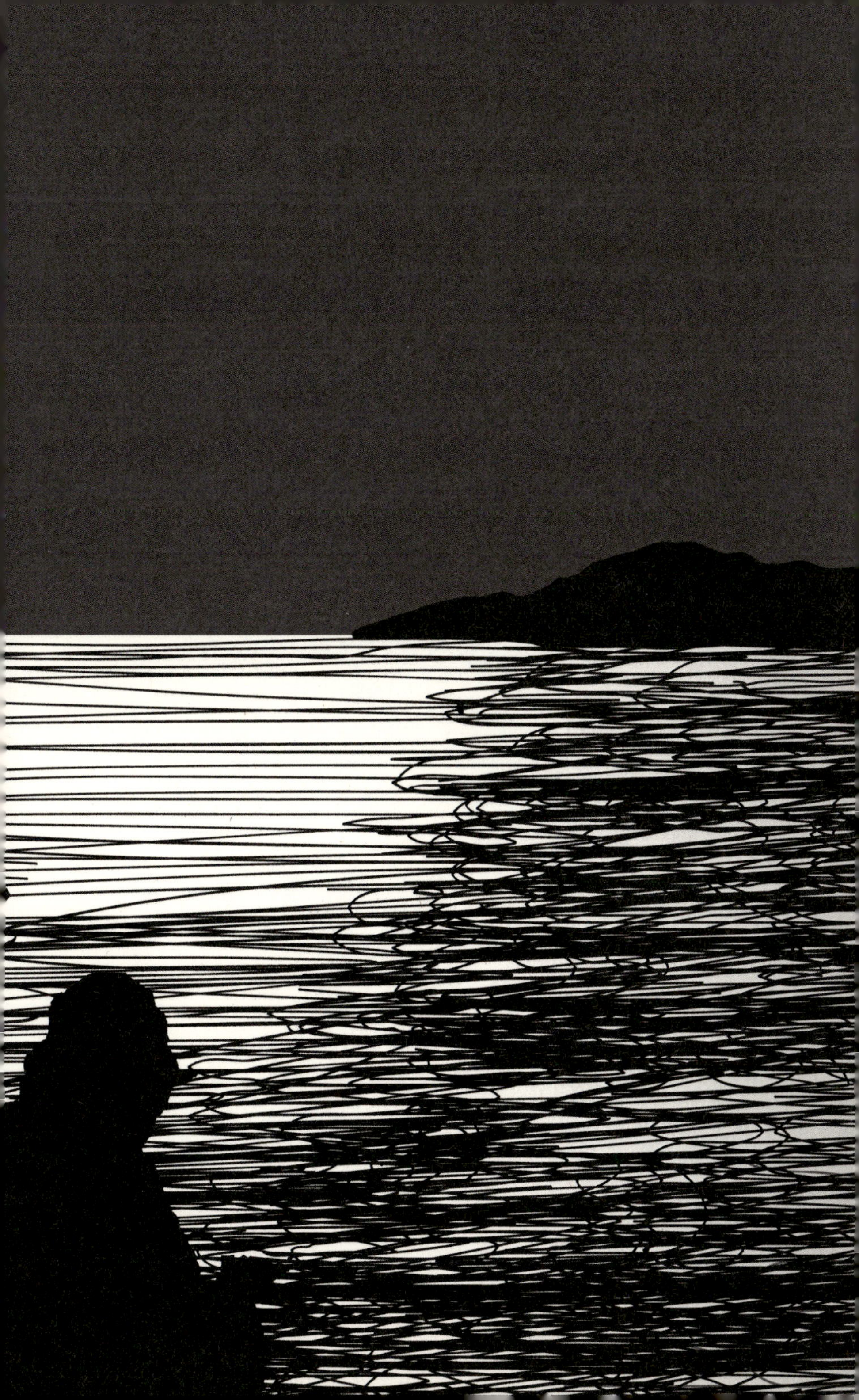

Das war doch ein gutes Thema für ihre Studierenden: die Zeit. Proust müsste man zuallererst lesen, das würde ihnen nur gut tun.

Ein anderes Thema wäre der Raum: irgendein Raum, in dem das Leben verlaufen, verrinnen würde. Das Klohäuschen von Joyce? Die Ufer des Flusses in Tavira?

Sie beendete also den Brief, den sie mit den Worten begonnen hatte:

‚Ich rufe in Erinnerung, was das Schwarze war, was der Schatten war.

Die befleckte Unvollkommenheit.

Das vollkommene Leben besteht aus Licht und Schatten, die Vollkommenheit existiert nur mit dem Bewusstsein des Unvollkommenen, des Unvollendeten in uns, den Menschen, die wir dazu aufgerufen sind, das Leben, das uns gegeben wurde, zu vervollkommnen.'

In dem Traum aus der Kindheit gab es diesen Hinweis bereits: doch weil unverstanden (was kann man mit vier oder fünf Jahren schon verstehen?), erschreckte es sie, das Schwarz, welches das Weiß befleckte; aber jetzt wusste sie ja, was es war, und ließ ohne Angst den Schatten neben sich im Bett schlafen.

Aus dem Portugiesischen von Christin Kächele unter Mitwirkung der Herausgeberinnen.

Yvette Kace Centeno wurde 1940 in Lissabon als Tochter einer deutschpolnischen Mutter und eines portugiesischen Vaters in einem Haushalt des politischen Widerstands gegen Salazar geboren. Sie studierte Germanistik an der Universität Lissabon. Sie ist emeritierte Lehrstuhlinhaberin für Vergleichende Literaturwissenschaft an der Universidade Nova in Lissabon. Sie ist Dramaturgin, Lyrikerin, Essayistin und zudem Übersetzerin. Ihre Übersetzungen von Goethe, Brecht, Lessing, Shakespeare und Paul Celan trafen sowohl beim Publikum als auch bei den Kritikern auf großen Zuspruch. Ihr extensives Literaturwissen und das Interesse an symbolischer Alchemie prägen ihren Schreibstil und finden sich auch in ihrer Erzählung „Nigredo" wieder. Von Markus Sahr ins Deutsche übersetzt, sind ihre Romane *Im Garten der Nussbäume* (2004) und *Anfang* (2006) sowie der Gedichtband *erdnah* (2008) im Leipziger Literaturverlag erschienen.

Christin Kächele wurde 1991 in Ludwigshafen am Rhein geboren. Nach ihrem Abitur 2011 studierte sie am FTSK Germersheim der Johannes Gutenberg-Universität Mainz mit den Studienfächern Englisch und Portugiesisch und schloss im März 2015 ihren Bachelor in Sprache, Kultur und Translation ab. Im Oktober 2015 begann sie in Germersheim ihren Master in Konferenzdolmetschen.

NACHWORT

Die zwölf Erzählungen dieser Anthologie bieten den Leser*innen ein vielfarbiges Spektrum weiblichen Denkens und Empfindens und reflektieren die vielfältigen Denk- und Schreibtraditionen ihrer portugiesischen Autorinnen. Die weiblichen – teils feministischen, teils postfeministischen – Stimmen verschiedener Generationen skizzieren aus unterschiedlichen Perspektiven ein Bild des Wandels der portugiesischen Gesellschaft. Dabei werden die Bedeutung der Nelkenrevolution von 1974, aber auch Fragen der erfolgten oder aber gescheiterten und gar im Zuge der Finanzkrise ab 2008, in Portugal verstärkt ab 2011, wieder zurückgenommenen Errungenschaften und Entwicklungen nach der Revolution beleuchtet. Begleitet wird dies durch das Echo der jungen Protestbewegung „Geração à Rasca" (sinngemäß etwa „Generation in der Klemme"). Konkret gestellt wird die Frage nach dem politischen Wandel oder aber Stillstand durch die Auseinandersetzung mit dem Frauenbild und den Frauenrollen in der gegenwärtigen Gesellschaft. Beleuchtet wird das gängige Rollenverständnis, und wir erfahren vom Ausbrechen aus Stereotypen und Zwängen, die demnach immer noch wirken. Die Motive der Fremdbestimmung und der Übernahme fremder Modelle, die auf der politischen Ebene zu erkennen sind, lassen sich auch in den Erzählungen auf Figurenebene wiederfinden.

Nicht nur Weiblichkeit wird explizit thematisiert, sondern auch die klassischen Männerrollen werden als ebenso einengend geschildert und hinterfragt. Vom Geschlechterverhältnis ausgehend, werden auch vielfältige Beziehungen zwischen Frauen portraitiert, so dass sie als eigenständig handelnde Persönlichkeiten wahrgenommen werden und nicht nur in ihrem Verhältnis zu den üblicherweise männlichen Protagonisten. Damit knüpft die Anthologie an das bedeutendste feministische portugiesische Werk, die „Neuen Portugiesischen Briefe", an, deren Autorinnen, bekannt geworden als die „Drei Marias", sich mit ihrem weiblichen Schreiben direkt gegen die Diktatur des Estado Novo auflehnten. So ist es auch kein Zufall, dass zwei der drei Autorinnen, die mittlerweile verstorbene Maria Isabel Barreno und Maria Teresa Horta, Erzählungen für diese Anthologie beigesteuert haben. In den Geschichten geht es weiterhin um gesellschaftliche Themen wie das sich verändernde Verhältnis zwischen Eltern und Kindern und auch um eine neue Art der Beziehungen zu anderen Lebewesen aus ökofeministischer Perspektive. Hinzu kommen Fragen im Hinblick auf nicht der geltenden Norm entsprechende sexuelle Orientierungen und nicht zuletzt zum Umgang mit dem Altern. Mit der Übertragung ihrer Rechte unterstützen die Autorinnen die Alzheimerstiftung Portugal. Auch mit der deutschen Ausgabe wird eine vergleichbare Unterstützung durch die Übertragung der Übersetzerrechte beabsichtigt.

Die deutsche Übersetzung der 2014 in Portugal erschienenen Anthologie ist das Ergebnis der Zusammenarbeit von vierzehn Bachelor- und Masterstudierenden der Johannes Gutenberg-Universität Mainz am Fachbereich Translations-, Sprach- und Kulturwissenschaft in Germersheim (FTSK) unter Mitarbeit der Dozentinnen und Herausgeberinnen Prof. Dr. Cornelia Sieber, Dr. Ângela Nunes (Forschungszentrum CELTRA des FTSK) und Dr. Yvonne Hendrich (Romanisches Seminar Mainz). Im Laufe des Übersetzungsprozesses wurde besonderer Wert darauf gelegt, den einzigartigen Ton, die Ausdrucksweise und Struktur des jeweiligen Ausgangstextes wiederzugeben sowie das vielfarbige Spektrum des weiblichen Denkens und Empfindens der portugiesischen Autorinnen dem deutschen Publikum zugänglich zu machen, das die Anthologie nicht in der Originalsprache lesen kann. Jede Übersetzung bringt auch eine neue Nuancierung in den Farbton, und andere Facetten können in dieser Perspektive wiederum nicht wahrgenommen werden.

So bestand die besondere übersetzerische Herausforderung bei der Geschichte „The dying animal" von Ana Luísa Amaral darin, die vielen lyrischen Elemente angemessen zu übersetzen und somit auch den Schreibstil in der Übersetzung zu bewahren. Vor allem auf Rhythmus und poetische Stilmittel wie etwa Parallelismen musste geachtet werden. Eine weitere Problematik stellte die Übersetzung von „o animal" (maskulinum im Portugiesischen) dar. Da im Deutschen „Tier" den ungeschlechtlichen Artikel „das" trägt, wirkt die Übersetzung unpersönlicher als der Ausgangstext, in dem es eben um diese innige Beziehung zwischen dem Tier und der Erzählerin geht. Wenn im Ausgangstext also von „ele" (o animal) die Rede ist, würde die semantische Übersetzung „es" (das Tier) lauten. Um dieselbe Wirkung zu erzeugen wie im Ausgangstext, wurde „das Tier" an einigen Stellen zu „der Hund" geändert. Dadurch konnte dann „es" zu „er" werden. Dabei wissen wir inzwischen, dass die Autorin sich auf ihre verstorbene Hündin Lili (Marleen) bezieht. Wir waren mit der Autorin aber der Meinung, dass im deutschen Text nicht Hündin stehen sollte.

Bei der Geschichte „Amarelo", „Gelb", galt es, die von Ana Zanatti verwendete Metaphorik angemessen zu übersetzen. Abgesehen von der wohl wichtigsten Metapher im Titel tauchten schon im Epitaph von Ana Paula Tavares einige Übersetzungsschwierigkeiten auf: die malerischen Adjektive mussten erst einmal direkt übersetzt werden und dann an das von der Autorin beabsichtigte Bild durch Synonymsuche angeglichen werden. In der eigentlichen Geschichte erforderten einige metaphorische Konstruktionen, wie die Beschreibungen der Honigmelone bzw. des Erlebens des Mädchens, besonderes übersetzerisches Geschick.

Eine besondere Übersetzungsschwierigkeit in Clara Ferreira Alves' Geschichte „Orange", „Das Haus Oranien" barg die Übersetzung bestimmter kultureller Gegebenheiten in Istanbul und Lissabon, so wie die Übersetzung der „Cacilheiros". „Cacilheiros" sind Fähren, die die beiden Uferseiten des Flusses Tejo verbinden und tagtäglich Pendler aus der Stadt Almada in die portugiesische Hauptstadt zur Arbeit und wieder nach Hause bringen. Solche Realienlexeme, die auch in anderen Erzählungen vorhanden waren, wurden als Übersetzungsstrategie für die gesamte Anthologie soweit möglich durch Erklärungen für das deutsche Publikum eingefügt.

In der Geschichte „Rot", „Arte da Fuga" von Elgga Moreira gab es mehrere Stellen, die äußerst schwer zu übersetzen waren. Bereits der Titel enthält eine Doppeldeutigkeit, die nur angemessen übersetzt werden konnte, indem man beide Bedeutungen in den deutschen Zieltext aufgenommen hat: „Kunst der Fuge – Kunst der Flucht". Dabei handelt es sich um eine Anspielung auf die „Kunst der Fuge", ein Werk von Johann Sebastian Bach, durch dessen wiederholtes Abspielen über Wochen hinweg die Protagonistin versucht, vor ihrem trostlosen Alltag zu fliehen, eben die „Kunst der Flucht". Dies wird durch eine rhythmische, reimartige, oft auch lautmalerische Schreibweise der Autorin verdeutlicht. Diesen Stil im Zieltext beizubehalten, erforderte eine kreative Herangehensweise, bei der man sich teilweise inhaltlich vom Original lösen musste. Auch ein Kinderlied ist Teil der Geschichte, bei dessen Übersetzung die Schwierigkeit darin lag, dass sich auch der Zieltext reimen musste.

Die größte Schwierigkeit bei „Rosa" stellte zweifellos die Übersetzung der zahlreichen recht obszönen Schimpfwörter dar, zumal diese im Deutschen und im Portugiesischen zum Teil kulturell unterschiedlich aufgeladen sind. Wenngleich die Verwendung von Schimpfwörtern eine katharische Wirkung haben kann, neigt man in der Regel dazu, eine euphemistisch klingendere, abgeschwächte Übersetzung zu wählen. Exemplarisch dafür, wie man der Derbheit der Schimpfwörter bei der Übertragung ins Deutsche gerecht zu werden versuchte, soll die Illustration „Rosa é a puta que te pariu" stehen, die mit „Steck dir dein scheiß Rosa sonst wohin" übersetzt wurde.

In der Erzählung „Die Zeit der Pracht und des Glanzes" von Lídia Jorge stellte die Nutzung des weniger geläufigen portugiesischen Imperativs in der zweiten Person Plural eine Übersetzungsschwierigkeit dar. Um die appellative Wirkung beizubehalten, wurde in der deutschen Übersetzung die veraltete Form des Imperativ Präsens verwendet, die somit auch zu den religiösen Anspielungen passt, die im Verlauf der Geschichte vorzufinden sind. Als weitere Schwierigkeit erwies sich die Übersetzung des Farbnamens „verde-água", der sich deutlich von den anderen Farben der Erzählungen abhebt. Die Farbe „verde-água" kann sowohl mit „blaugrün" als auch mit „wassergrün" übersetzen werden, jedoch bleibt bei letzterem die Anspielung auf den Teich, in dem Marina beinahe ertrunken wäre, erhalten.

Eine Übersetzungsentscheidung war bei der Erzählung von Maria Isabel Barrenos „Dunkelgrün", „Grün, Farbe der Hoffnung", für die treffende Darstellung der Gedankenwelt des Protagonisten besonders relevant: die Übersetzung des Wortes „reforma". Im Portugiesischen kann dies sowohl Ruhestand als auch Neu- oder Umgestaltung bedeuten. Diesen Bedeutungen und auch besonders dem Wort „forma" als momentaner „Zustand" kommt im Bewusstsein der Hauptfigur auch mit Wortspielen eine zentrale Rolle zu. Die Übersetzung musste demzufolge flexibel mit den entsprechenden deutschen Wörtern gestaltet werden, um alle Facetten von „reforma" zu erhalten.

Maria Teresa Hortas Erzählung „Hellblau", „Ausgrabungen", zeichnet sich durch eine sprachliche Komplexität, die den Reichtum der portugiesischen Sprache darlegt, sowie intertextuelle Bezüge aus, wie u.a. an Verweisen auf Ingeborg Bachmann, Teresa von Ávila und Luís de Camões deutlich wird. Insbesondere der sinnliche Grundton, der die Protagonistin Raquel zwischen einer lasziven Femme fatale, symbolisiert durch die „liga azul", das „blaue Strumpfband", und einer verletzlich wirkenden, immerfort Suchenden „com esquivez de cisne branco" „mit der Scheu eines weißen Schwans", oszillieren lässt, stellte die drei Übersetzerinnen vor gewisse Herausforderungen. Den autobiographischen Hintergrund vor allem in Bezug auf Leonor de Almeida Portugal, die Marquesa de Alorna, mit der die Autorin verwandt ist, galt es zu entziffern. Zu dieser Figur schrieb die Autorin auch den Roman „As Luzes de Leonor".

Als Raquel Freire die Anfrage erhielt, ob die beiden Übersetzer*innen ihre Geschichte „dunkelblau" übersetzen dürfen, dachte sie im ersten Moment, es handle sich um einen Scherz. Unübersetzbar. Es war definitiv eine Herausforderung, alle kulturspezifischen Anspielungen und Andeutungen ins Deutsche zu übertragen, ohne die Bedeutung zu verändern, um dabei den gleichen Effekt beim deutschen Leser zu erzielen. Besonders lange wurde über den Untertitel „Ulisseia" diskutiert. Hierbei handelt es sich einerseits um die weibliche Form von Ulisses, im Deutschen Odysseus, und wird andererseits auf die Entstehungsgeschichte Lissabons angespielt. Der Mythologie zufolge gründete Odysseus auf seiner Irrfahrt eine Stadt auf der Iberischen Halbinsel, dabei soll es sich um Lissabon gehandelt haben. Letztendlich fiel die Entscheidung auf „Ulisseia", um weiterhin den Bezug zu Lissabon herzustellen und es dem Leser zu überlassen, ob er die Assoziation zu Odysseus herstellen kann und damit auch zur Heldin der Erzählung. Schwierig war außerdem die Verwendung des „X", um sich geschlechtsneutral auszudrücken und sich zur LGBT-Bewegung zu bekennen. Im Portugiesischen gibt es eine weibliche und eine männliche Form des Personalpronomens im Plural, jedoch ist das Deutsche „sie" neutral. Deshalb fiel die Verwendung von „X" an einigen Stellen weg, an sinnvollen Stellen wurde es in die Übersetzung eingefügt. Viel Kreativität war auch für diverse Neologismen gefragt.

Markus Sahr, der alle Erzählungen lektorierte, ist auch für die Übersetzung einer Erzählung eingesprungen, zu der er schrieb: Es gab einmal eine Zeit, da der Übersetzer Architektur studieren wollte. Er erwarb, wie Henrique in der Geschichte, der es allerdings von seinem ins Ausland gehenden Onkel geschenkt bekommt, ein Buch zu Le Corbusier und las zur modernen Architektur. Ungleich Henrique hat er allerdings nie ein Haus gebaut. Eine zentrale Frage war anfangs, wie den Namen des Gebäudes übersetzen, in dem Henrique seit Jahren lebt, „O Infame". Es könnte maskulin, „Der Niederträchtige", oder Neutrum, das „Niederträchtige", „das Infame", sein. Da es sich um ein Gebäude handelt, war klar, es müsse Neutrum sein. Aber „das Niederträchtige" oder „das Infame"? Was wird „bewohnt"? Aber die Terminologie, „T2", T3", Wohnungstypen in Portugal, dort verständlich, hier unbekannt. Soll man sie unterschlagen, umwandeln, die Wörter mittransportieren und erklären? Erst recht die Wörter zur typischen Bauweise Le Corbusiers: ein Gebäude „aufstelzen" („implantação do edifício"), also auf Stelzen bauen, die variable Gestaltung der Innenwände, alles Dinge, die einem Architekturadepten vertraut, einem „gewöhnlichen" Leser jedoch unbekannt sein dürften. Eine Schwierigkeit, die umgangen wurde: die Übersetzung von „Casa de Pasto de Horizonte Perdido" (in etwa „Freitisch"), sei hier nachträglich benannt. „Casa de pasto" sind oder waren in Portugal einfache Essküchen, billige Möglichkeiten, eine kleine Mahlzeit zu bekommen. Nur bedingt mit „Imbissbuden" wiederzugeben. Dazu „horizonte perdido", wörtlich „verlorener Horizont", also eine Garküche (?) für Leute, die nicht mehr weiter wissen, für Obdachlose (?), das klänge weit weniger poetisch als das Original. Zumal Henrique kein Obdachloser ist. Schwirig auch, das Behördenportugiesisch wiederzugeben, das zwar grammatisch einwandfrei ist, semantisch aber Unbehagen verursacht. Die langen Sätze, unpersönlich, steif, am Rande der Unverständlichkeit oder wirklich unverständlich in der Zuspitzung. Etwas, wofür das Kafka-Zitat am Anfang aus dem Roman „Das Schloss" sensibilisieren soll. Erwähnenswert ist das zum Gedicht umfunktionierte Credo der Bauweise von Oscar Niemeyer, von dem es bereits (ohne Quellenangabe) eine deutsche Fassung im Netz gab, die folgendermaßen übernommen wurde: „die freie und sinnliche Kurve"...

Während des Übersetzungsprozesses der Erzählung „Roxo", „Purpur", von São José Almeida bestanden die übersetzerischen Schwierigkeiten insbesondere in der Beachtung und stimmigen Transferierung der religiösen Metaebene, die der Erzählung in der portugiesischen Originalsprache ihre spezielle Wirkung und Tiefe verleiht und somit im Kontext eine wichtige Rolle einnimmt. Die Namen der in der Geschichte vorkommenden Figuren sind von religiöser Tragweite und somit von enormer Wichtigkeit für den Verlauf eben dieser. Daher wurde aus Maria do Rosário beispielsweise Maria vom Rosenkranz. Eine weitere übersetzerische Schwierigkeit stellte die tiefgreifende emotionale und gleichermaßen mitreißende Färbung der Geschichte dar. Bei diesem Aspekt bedurfte es einer authentischen Verdeutlichung der tiefen Gefühlswelt der Hauptakteurin Maria do Rosário. Einige kulturelle Eigenheiten der portugiesischen Sprache, wie beispielsweise die Angaben der Schulklassenstufen, mussten berücksichtigt und angepasst werden. Insgesamt begründen die oben genannten Übersetzungslösungen eine erklärende Übersetzungsstrategie, um den deutschsprachigen Zieltext authentisch, idiomatisch und verständlich gestalten zu können.

Bei der Übersetzung von Yvette K. Centenos Kurzgeschichte „Schwarz", „Nigredo", waren es vor allem die Intertextualität und die Bezüge auf die Alchemie und die bildenden Künste, die vermehrt Schwierigkeiten darstellten. Insbesondere die mehrere Zeilen umfassenden Ausführungen über das Meer und den

Roman des Protagonisten waren aufgrund ihrer Komplexität nicht immer leicht zu durchschauen. Trotz der verschiedensten Einflüsse und Verweise ist es der Autorin im portugiesischen Original gelungen, eine homogene und faszinierende Geschichte zu erschaffen, was in der deutschen Übersetzung versucht wurde wiederzugeben. Die Bezüge zu Goethes „Faust" sind dabei sicherlich etwas, das vor allem im kulturellen Gedächtnis der deutschen Leser verankert ist.

Der Dank der Herausgeberinnen der vorliegenden Anthologie gilt dem Gutenberg-Lehrkolleg, das durch die Förderung des Übersetzungsprojektes als innovatives Lehrprojekt die Publikation der deutschen Übersetzung ermöglichte, ferner den zwölf Autorinnen, die ihre Rechte für diese Publikation freigaben und für etwaige Fragen der Übersetzer*innen zur Verfügung standen und sich bei unserem Übersetzer-Workshop im Mai 2016 teilweise per Skype-Sitzung beteiligt haben, ebenso der Graphikerin für die Illustrationen, dem portugiesischen Verleger des Originals, João Rodrigues, der uns stets unermüdlich unterstützt hat, und nicht zuletzt den vierzehn Studierenden des FTSK Germersheim, die bei dem Projekt mit großem Enthusiasmus mitgearbeitet und auch bei der Verfassung von Kurzbiographien der Autorinnen sowie bei diesem Nachwort mitgewirkt haben. Schließlich gilt unser Dank Markus Sahr, der alle Übersetzungen mit seinem literarisch-künstlerischen Blick immer auch mit Rückblick auf die Ausgangstexte nachlektoriert hat, sowie Herrn Viktor Kalinke, der diese Anthologie in seine Verlagsreihe aufgenommen hat.

Germersheim/Mainz, den 15. November 2016

portugiesische bibliothek   www.l-lv.de

01   Yvette K. Centeno, Im Garten der Nußbäume, Roman
     Aus dem Portugiesischen von Markus Sahr
02   Yvette K. Centeno, Anfang, Roman
     Aus dem Portugiesischen von Markus Sahr
03   Fernando Pessoa, Über Juden- und Freimaurertum, Fragment
     Aus dem Portugiesischen von Markus Sahr
04   Herberto Helder, Die Schritte ringsum, Erzählungen
     Aus dem Portugiesischen von Markus Sahr
05   Manuel Alegre, Rafael, Roman
     Aus dem Portugiesischen von Markus Sahr
06   Jorge de Sena, Die Großkapitäne, Erzählungen
     Aus dem Portugiesischen von Markus Sahr
07   Hein Semke, Bestiarium-Calendarium, Künstlerbuch
08   Yvette K. Centeno, erdnah, Gedichte
     Aus dem Portugiesischen von Markus Sahr
09   Helder Macedo, Weiße Flecken von Afrika, Roman
     Aus dem Portugiesischen von Markus Sahr
10   Maria Gabriela Llansol, Lissabonleipzig, Band 1: Die unerwartete Begegnung des Verschiedenartigen
     Aus dem Portugiesischen von Markus Sahr
11   Maria Gabriela Llansol, Lissabonleipzig, Band 2: Die Musikprobe
     Aus dem Portugiesischen von Markus Sahr
12   Maria Velho da Costa, Myra oder Zwei Tage Glück, Roman
     Aus dem Portugiesischen von Markus Sahr
13   César Leal, Der Triumph des Wassers. *Aus dem brasilianischen Portugiesisch von Curt Meyer-Clason*
14   Hein Semke, Die innere Stimme. Tagebücher 1950-52 // 1956-61
     Aus dem Portugiesischen von Markus Sahr
15   Ângela Maria Pereira Nunes, Cornelia Sieber und Yvonne Hendrich (Hg.), Von Weiß bis Schwarz. Erzählungen portugiesischer Autorinnen

Reihen im Leipziger Literaturverlag

- Neue Lyrik
- Neue Prosa
- Neue Szene
- Bibliothek OSTSÜDOST
- Portugiesische Bibliothek
- Französische und englische Bibliothek
- Älteste Dichtung und Prosa
- Essay
- Graphik + Art
- Fotografie
- Dokumentation
- Die Stimme des Autors – Hörbuch
- Poesiefilm

Unser gesamtes lieferbares Programm, Biobliographien, Leseproben, Rezensionen, Hörbeispiele, Kurzfilme und viele weitere Informationen finden Sie im Internet:

www.sisifo.de
www.leipzigerliteraturverlag.de
www.krautbuch.de
www.inskriptionen.de